es 1404

edition suhrkamp

Neue Folge Band 404

Psychosomatische Störungen bilden noch immer eine der größten Herausforderungen für die Psychotherapie. Die französische Analytikerin Joyce McDougall diagnostiziert auch jenseits akuter psychosomatischer Störungen eine sog. »psychosomatische Struktur« bei vielen Patienten, die ihre frühen starken Affekte kaum wahrnehmen. Die »hartgesottensten« unter ihnen nennt sie sogar »Anti-Analysanden«. Trotzdem erprobte sie das klassische »setting« an ihnen über Jahre. Der Freiburger Psychoanalytiker Tilmann Moser untersucht anhand ihrer Arbeit nicht nur, wie es bei diesem mühseligen Unterfangen zur sog. »negativen Diagnostik« kommt, sondern auch, warum bei einem nahezu totalen Mißlingen der frühen Interaktion zwischen Mutter und Kind die deutende Stimme des Analytikers im Hintergrund nicht ankommen kann. Die unsichtbare Stimme hinter der Couch wiederholt das Unglück der fehlenden Interaktion und setzt den Patienten noch einmal dem Trauma des abwesenden Objektes aus, das sich so auch kaum neu bilden und dessen reales Fehlen auch nicht betrauert werden kann.

Tilmann Moser
Der Psychoanalytiker als sprechende Attrappe

Eine Streitschrift

Suhrkamp

edition suhrkamp 1404
Neue Folge Band 404
Erste Auflage 1987

Erstausgabe

Satz: Stahringer, Ebsdorfergrund
Druck: Nomos Verlagsgesellschaft, Baden-Baden
Umschlagentwurf: Willy Fleckhaus
Printed in Germany

1 2 3 4 5 6 – 92 91 90 89 88 87

Der Psychoanalytiker
als sprechende Attrappe

Einleitung

»Wenn ein Analytiker ein ›psychoanalytisches‹ Buch veröffentlicht, so enthüllt er damit einen Teil seiner selbst.«

Mit diesem ersten Satz aus dem gewichtigen Buch der Pariser Analytikerin Joyce McDougall *(Plädoyer für eine gewisse Anormalität)* will ich meine Streitschrift eröffnen, mit demselben Satz sie auch wieder abschließen, in der Hoffnung, den schillernden Hintersinn dieser These zu entfalten. Sie gehört aber ergänzt: denn der Autor enthüllt nicht nur einen Teil seiner selbst, sondern, insofern das Buch eine Grundströmung dieser Wissenschaft und Behandlungslehre repräsentiert, enthüllt er auch viel über den Zustand der Psychoanalyse.

Wohl nur alle paar Jahre geschieht es, daß einen ein Buch in einer bestimmten Weise fesselt, provoziert, ärgert oder in eine kreative Erregung versetzt. Mit diesem Buch ist es mir so gegangen. Schon bei der ersten Lektüre war klar, daß es mich zu einer Positionsbestimmung zwingen würde, bei der die eigene Erfahrung und das eigene Denken Konturen gewinnen, bei der sich lange angesammelte Ahnungen, Zweifel, latente Hypothesen und alternative Praxis zu *Thesen* formen würden, die den Zustand einer langsamen Veränderung im stillen Kämmerlein des Behandlungszimmers und einer gewissen Heimlichkeit der eigenen analytischen Anschauungen beenden.

Zehn Jahre aktiver und passiver Erfahrung mit dem breiten Feld außeranalytischer Therapieforschung, vor allem mit den szenisch-dramatischen und den körperzentrierten Techniken, haben mich nicht einen Augenblick an meiner psychoanalytischen Grundidentität zweifeln lassen. Sie hat sich vielmehr vertieft. Die Anerkennung der psychoanalytischen Theorie als der differenziertesten Beschreibung und Erklärung des menschlichen Seelenlebens erfuhr keinerlei Einschränkung; aber der Blick auf die Grenzen und Beengtheiten des praktischen psychoanalytischen Settings, seiner dogmatischen Absicherung und seiner möglichen Schädlichkeit für viele Patienten ist kritischer geworden.

Kaum hatte ich diese Sätze geschrieben, als ich in einem Fahnenexemplar von Horst Eberhard Richters neuem Buch *Die Chance des Gewissens* im Kapitel über »Antipsychoanalytisches in den psychoanalytischen Institutionen« diesen Satz fand: »Alle Enttäuschungen über die antianalytische Entwicklung des psychoanalytischen Vereinsbetriebes haben mich nie daran zweifeln lassen, mich als Psychoanalytiker zu verstehen. Psychoanalyse ... ist die Kunst – endlos weiter und tiefer zu fragen und die sokratische Offenheit bis zum äußersten durchzuhalten.« (117). Während Richter seine Kritik mehr auf die institutionelle Verkrustung zentriert, sehe ich die bedrohlichen Einengungen mehr im behandlungstechnischen Setting und seiner ganze Erfahrungsbereiche ausschließenden Begründung. Joyce McDougalls Buch ist mir dabei zum Beispielfall der Kombination von intellektueller Brillanz und praktischer Sklerotisierung geworden, die ihrerseits wieder spezifische Denkhemmungen beim Verstehen setzt. Diesen Denkhemmungen liegt natürlich das ganze Ausmaß der Idealisierung der Standardmethode der Psychoanalyse zugrunde, der Idealisierung nicht nur der Person von Freud (die berechtigt wäre, schlösse sie nicht die ganze Geschichte der Kodifizierung und Dogmatisierung ein): es geht um die Idealisierung *einer Methode* in einem Ausmaße, die es nicht nur ermöglicht, die Heilserwartungen in jene Zukunft zu verlegen, in der ihre Segnungen einmal voll ausgeschöpft sein werden, sondern die den Forscher auch der Wahrnehmung aller Alternativen auf seinem Felde enthebt. Es ist mir nicht vorstellbar, daß Freud in einem solchen Ausmaß übersehen oder verleugnet hätte, was sich auf dem Feld der Psychotherapie an Fortschritten vollzogen hat – und zwar an Fortschritten, die den Fundus der Theorie nur bestätigen, der monoman gehandhabten Einheitsmethode aber eine ganze Palette von Varianten zur Seite stellen würden –* so daß man sarkastisch durchaus formulieren kann: die Scheuklappen sind ebenfalls in den Fundus der Idealisierung geraten.

Gelegentlich drängt sich einem angesichts des verschulten Ausbildungsbetriebes in den psychoanalytischen Instituten, der anpassungsbereiten Ängstlichkeit der Kandidaten und der ihr vorausgehenden Ängstlichkeit der Lehrer gegenüber den pyramidenförmig aufgetürmten Instanzen und Gremien zur Wahrung der reinen Lehre und von Ruhe und Ordnung durchaus das Bild von Dostojewskis »Großinquisitor« auf: träte Freud mit seinem unbändigen Forscherdrang und seinem grenz-

* J. Cremerius hat sehr schön die Differenz von Freuds Forschungs- und Behandlungsstil und dem Stil der Kodifizierungen aufgezeigt, ebenso Gründe, die zu dieser Differenz geführt haben: *Freud bei der Arbeit über die Schulter geschaut*, in: Cremerius, 1984, S.326-363. Es ist mir wichtig festzuhalten, daß das Manuskript dieser Streitschrift fertiggestellt wurde, bevor ich das große neue *Lehrbuch der psychoanalytischen Therapie* von Thomä und Kächele aufgenommen hatte. Meines Erachtens stellt es den definitiven Schritt des Wiederanschlusses der deutschen Psychoanalyse an die progressiveren Trends der internationalen Psychoanalyse dar und zeichnet sich durch Souveränität, Gelassenheit, Perspektivenreichtum und eine anti-dogmatische Grundhaltung aus. Aus der Sicht der Autoren, die selbstbewußt von einer »Stimmung des Aufbruchs« in der Entwicklung der Psychoanalyse sprechen, ließe sich McDougalls Buch sicher gelassener orten als Ausdruck der »Rigidität« in der Entwicklung einer »normativen Idealtechnik«.

überschreitenden Blick heute wieder auf, so käme er wohl rasch in die Rolle eines Störenfriedes, der aus den Institutionen unsanft hinauskomplimentiert würde.*

Seinem Wunsch nach einer Fundierung der Theorie im physiologischen Bereich und der Elaboration der These, daß das frühe Ich ein Körper-Ich ist mit einer langen präverbalen Existenz, stünde heute nichts mehr im Wege. Wenn sich ein Teil des Reichtums der psychischen Phänomene vorwiegend averbal oder körpersprachlich mitteilt, würde er vermutlich das Erlernen neuer Sprachen und Interaktionsstile anraten, anstatt aus der »Verbalisierung« ein Dogma zu machen und Verwörterung und Symbolisierung auch dort für die »talking cure« zu verlangen, wo beim Patienten die frühen interaktionellen und zur Symbolbildung befähigenden Grundlagen für eine reine Therapie in und durch Sprache fehlen.

Das Faszinierende an McDougalls Buch ist, wie sehr die Erfahrung der *Grenzen* der rein analytischen Methode wie der immanenten Behinderungen bei der Behandlung bestimmter Störungen bewußt oder bewußtseinsnah sind, und wie dann das Ziel der Reinhaltung der wahren Behandlungs-Lehre in überraschenden Wendungen wieder die Oberhand erlangt. »Denn ein Analytiker wird allzu leicht zum Gefangenen seiner psychoanalytischen Ausbildung.« (9) In der Tat! Und diese Ausbildung, die zum kontrollierenden inneren Objekt werden kann (in vielen Fällen, und dies ist auch in ihrem Buch zu spüren, zu einer Art verfolgerischer Instanz), »kann ein ›terroristisches Über-Ich‹ hervorbringen, das nicht nur die Denk- und Fragefähigkeit des Analytikers, sondern auch sein klinisches Verständnis beeinträchtigt«

* Zum Problem von Verschulung, Indoktrination, »Über-Ich-Impression« und »Isolierung nach außen« s. Petri, in: *Psyche*, 1985, S. 481-500.

(9). Wie sich dies auf McDougalls eigenen Denkstil auswirkt, möchte ich in diesem Buch ausführlich zeigen, hier nur noch auf einen merkwürdigen und verräterischen Satz aus ihrer Einleitung hinweisen, weil er eine weltanschauliche Grundstimmung durchscheinen läßt, wie sie in weiten Bereichen auch über der methodischen Erstarrung der Psychoanalyse liegt. Sie schreibt: »Im Zentrum der menschlichen Psyche steht das *Verbotene* und das *Unmögliche*.« (23) Warum eigentlich? Das klingt so mittelalterlich wie viktorianisch. Haben wir es immer noch mit der alten Triebtheorie zu tun, deren dämonisierender Grundton das ungeformte Es zum gefährlichen Gegenspieler der patriarchalischen Verbotswelt der Jahrhundertwende mit ihren entsprechenden lasziven Unterströmungen macht?

Einer rein auf Verwörterung zielenden Therapieform muß der Körper als das Abgründige, Nicht-Psychische, quasi Jenseitige des Seelenlebens vorkommen, mit der entsprechenden Fremdheit, Abwehr, Exkommunikation aus dem Verfahren. Joyce McDougall exemplifiziert ihr Denken anhand ihrer Erfahrungen mit Patienten mit psychosomatischen Erkrankungen oder, wo solche nicht vorlagen, mit »psychosomatischer Struktur«, bei der psychische und somatische Erfahrung auseinanderzufallen scheinen. Der Körper führt ein Eigenleben und sendet keine faßbaren Botschaften mehr in den Bereich des symbolisierenden Seelenlebens. Aber der Analytiker weigert sich, die Sprache des Körpers und seine früh beschädigten Interaktionsmöglichkeiten ernst zu nehmen. Er konstatiert nur die (bisherigen) Grenzen der *Verbalisierung*, möchte sie dehnen und weiten, mit Empathie und Identifikation füllen, quält sich zu Höchstleistungen der seelischen Annäherung und der masochistischen Anverwandlung an den Patienten und stellt in vielen

Fällen doch nur dessen »Unerreichbarkeit« für die geheiligte Methode fest, mit allen Gefahren und Verlokkungen, sich durch eine negative Diagnostik für die Beschwernisse zu rächen, die ihm die oft vergebliche Liebesmühe bereitet.

Unlängst zeigte mir ein anerkannter und fähiger Analytiker, der sich, durchaus zufrieden, in seinem engen Sprechzimmer ganz der klassischen Psychoanalyse – auch mit den schwierigsten Patienten – verschrieben hat, einen Druck von Dürers *Melancholie*, der stets am Rande seines Gesichtsfeldes sichtbar ist, und meinte, darin erkenne er sehr oft seine Stimmung des Rätselns, Brütens und der Sinnzweifel wieder, wenn sich in den Analysen nichts bewege. Die Couch war übrigens mit schwarzem Samt überzogen und erlaubte durch ihre Konstruktion dem Patienten kaum, sich zu bewegen, eine Seitenlage einzunehmen oder gar nach hinten sich umzudrehen.

Joyce McDougall spart auch nicht an deutlichen Ausdrücken für ihre Gefühle des Mißbehagens während der Arbeit mit ihren Patienten, die sie, von Ausnahmen abgesehen, für Kronzeugen ihrer These von der Nahezu-»Unbehandelbarkeit« wählt, weil sie *»Antianalysanden«* sind. Wie schlimm von ihnen! Aber dafür hat sich die Autorin mutig zur Anti-Antianalysanden-Analytikerin entwickelt, gelegentlich eher martialisch denkend, manchmal auch versöhnlich, wenn sich nach vier bis fünf Jahren Schwerarbeit doch noch ein Lebenszeichen rührt. Sie spricht von »Unwohlsein« und »ängstlichen Selbstzweifeln«, von den Qualen, wenn die brillanten Deutungen nicht mehr ankommen und »die Entwicklung der Analyse in solchen Fällen vollständig blockiert bleibt«; von der Gefahr, bei solchem Stagnieren »das Gefühl der eigenen *Identität als Analytiker* zu verlieren«, wenn sie (die Antis) es ihr nicht mehr erlauben, und zwar »über längere Zeiträume hinweg nicht, als Analytiker zu *fungieren*« (18/19).

Zwar bekundet sie ihr Interesse an »Interaktionen«, die diesen Patienten so dringend fehlen, aber es gibt diese Interaktionen nicht, außer in Form von Deutungen, verbal angebotener Empathie, und von Meditationen über Interaktionen. (Dies wird später ausführlich gezeigt.) Sie erkennt das Leiden ihrer Patienten, sie leidet mit, aber sie bleibt unerbittlich hinter der Couch, hält sogar das Anbieten von Sicht-Kontakt schon für eine »Überwältigung«, und, wen wunderts, damit sind wir bei *agieren*, dem großen Schicksalswort, das, ein nicht mehr zu hinterfragendes Introjekt, zuallererst den Therapeuten, und damit natürlich auch den Patienten, definitiv in Schach hält.

»Wir sind daher kaum überrascht«, schreibt sie, »daß Patienten, die durch ein solches Leiden (Angst und entsetzliche Leere, T. M.) dazu veranlaßt werden, eine Analyse zu beginnen, sich heftiger als andere dem psychoanalytischen *Protokoll*, dessen *strenger Atmosphäre* sowie der Aufforderung *widersetzen*, alles zu sagen, und ihren Gefühlen (die sie nicht kennen oder zutiefst fürchten, T. M.) freien Lauf zu lassen, ohne sich *ins Agieren zu flüchten.*« (18, Hervorhebungen von mir, T. M.) Und dabei sollen sie doch, wie das »Protokoll« es verlangt, »außer Deutungen keinen anderen Zuspruch erhalten«. Die Folge: »Die Abwehr gegen den Ausbruch psychotischer Angst wird in dem Bereich, in dem sich Analytiker und Analysand treffen, rigide verstärkt. (Über ganze Monate und Jahre haben sie sich gar nicht getroffen, T. M.) Das führt häufig zu einem Ausagieren außerhalb der Analyse oder zu Impulshandlungen in ihr – oder wiederum zu einer von heftigen, aber leeren Affekten oder tödlicher Monotonie begleiteten analytischen Behandlung, deren Sitzungen immer weitergehen«, aber zu nichts mehr führen (18). Der Therapeut wird dann zum masochistischen Helden hinter den Gittern seines doktrinären Gefängnisses. Das analytische Ideal bleibt unberührt, auch wenn die armen schlimmen Patienten sich in ihren »Bollwerken« verschanzen aufgrund von »Faktoren, die zu Schwierigkeiten in der psychoanalytischen Behandlung führen, zumal derjenigen, die sich dem analytischen Prozeß zu entziehen suchen, wenn die dabei auftretenden Spannungen präverbal außerhalb der analytischen Situation zum Ausdruck kommen, statt in ihr verarbeitet zu werden« (8). Die Autorin ist dann selber erstaunt, warum einige trotzdem über die Jahre hinweg kommen, gegen eine Verringerung der Stundenzahl kämpfen, obwohl sie sie langsam loswerden will, und betonen, daß ihnen die Analyse wichtig sei. Sie sind nämlich inzwischen ebenso zu gläubigen und süchtigen Masochisten geworden und genießen, auch wenn sich nichts mehr bewegt, das Privileg einer durch nichts gemilderten Idealisierung der verrückten Zweisamkeit.

Da versucht ein kluger und einfühlsamer Mensch, mit großer, wenn auch dogmatisch eingeschränkter Begabung versehen, die Quadratur des Zirkels, zum höheren Ruhme einer Theorie, die er nicht mehr als hypothetisches Werkzeug sieht, sondern in bezug auf welche er einer globalen Identifizierung* erlegen ist. Dabei ist seine Diagnostik klar und ruhig genug, um die Absurdität des Unternehmens, vor allem angesichts der Fixierung auf das einzig greifbare Werkzeug eines rigide gehandhabten Settings, zu erkennen:

* Vgl. zum Thema der »globalen Identifizierung« den hervorragenden Aufsatz von Heinz Müller-Pozzi, in *Psyche* 1985, S. 877-904.

»Ein Säugling, der im Netz der unbewußten Wünsche und Konflikte seiner Eltern ebenso gefangen ist wie in dem realer traumatischer Ereignisse, leidet in einem solchen Ausmaß an Wut und narzißtischer Kränkung, daß er diese Gefühle weder verarbeiten kann noch ihnen (anders als auf dem Weg einer psychotischen Rekonstruktion) in einem Gedankensystem Bedeutung zu verleihen vermag. Solche Individuen verbleiben also bis zum Erwachsenenalter in einem Embryonalzustand, und erst zu dieser Zeit gelingt es ihnen, trotz der Aufrechterhaltung einer massiven Abwehr gegen gewaltsame und destruktive Wünsche auf Umwegen nach Befriedigung zu suchen.« (20) Obwohl also klar ist, daß die Patienten in wichtigen Bereichen ihrer seelischen Struktur nicht über das Säuglingsstadium hinausgekommen sind, werden sie auf der Couch behandelt wie erwachsene Individuen, denen man in wohlgesetzten Worten und korrekter Grammatik die absolut nährwertlosen Deutungen ins Ohr flößt. Denn eloquent sind sie alle, deshalb erschienen sie ja zu Beginn der Behandlung noch geradezu als ideale Patienten. Die Eloquenz ist es schließlich auch, die das einzige Band in vielen Behandlungen bildet, aber es ist die Eloquenz »gelehrter Säuglinge« (Ferenczi), bei denen die Sprachfähigkeit die letzte Brücke des falschen Selbst zur Außenwelt ist.

Die Auseinandersetzung mit Joyce McDougall bezieht sich in diesem Text nur auf die Kapitel 6 bis 13 ihres Buches. Sie berührt nicht die Brillanz ihres Denkens, wo sie sich, wie in den Kapiteln 1 bis 5, im Bereich der sexuellen Perversionen bewegt. Die Autorin gilt als charmante Person, sie ist ein gefragter internationaler Kongreß-Star, ihr Buch wurde in kürzester Zeit in die wichtigsten Sprachen übersetzt, in denen Psychoanalyse betrieben wird. Es handelt sich also nicht um ein abseitiges Relikt einer regelgläubigen Epoche der orthodoxen Psychoanalyse, sondern um einen Exponenten des »Zentralmassivs« (Balint) oder des »main-streams«. Die Kritik gilt nicht ihr als Person, sondern ihr als Symptom einer Sackgasse, in die orthodoxes Denken im klinischen Bereich führen kann, auch wenn es sich noch so sehr anreichert mit allen inzwischen salonfähigen Feinheiten der Nutzung der Gegenübertragung oder der »freischwebenden Rollenübernahme« (Sandler). Es besteht durch ebendiese hochintellektuelle Rezeption des Gegenübertragungs-Denkens und einer auf die Spitze getriebenen verbalen Empathie gerade die Gefahr des *psychoanalytischen Manierismus,* der den Patienten nicht mehr nach seinen elementaren Bedürfnissen beurteilt und der Frage nachgeht, was er im Tiefsten bräuchte zu seiner Genesung, sondern ihn nur noch in der bengalischen Beleuchtung raffinierter theoretischer Perspektiven sichtet, während sein wahres Selbst, von Ausnahmen abgesehen, immer tiefer unter die Asche des Feuerwerks gerät, das mit ihm veranstaltet wird.

Dem Leser werden die im folgenden diskutierten Probleme ungleich plastischer vor Augen treten, wenn er sich mit meinem Versuch vertraut gemacht hat, die Einleitungsphase der psychoanalytischen Behandlung einer Patientin zu schildern, die Joyce McDougall wohl als »psychosomatische Persönlichkeit« bezeichnen würde. Dort ist die Einbeziehung des Körpers in die Therapie beschrieben und wird von Niklaus Roth theoretisch reflektiert.*

Mancher Leser mag sich gelegentlich an meinem polemischen bis sarkastischen Ton stören. Dieses kleine Buch ist eine Streitschrift, die zuweilen die Nähe zur

* *Das erste Jahr. Eine psychoanalytische Behandlung*, Frankfurt 1986.

Satire nicht verleugnet. Darüber hinaus aber enthält der Text ohne Zweifel ab und zu die in McDougalls Arbeiten und Behandlungsberichten fehlenden Affekte, die in mir als mitschwingendem Leser evoziert wurden. Ich habe durchaus dem inneren Resonanzkörper in mir Stimme gegeben, der auf die abgewürgten Melodien der gefühlshaften Interaktion von Analytiker und Patient reagiert. Es ließe sich auch von einer ab und zu kräftigen Übertragungs-Reaktion auf die Analytikerin, so wie sie im Text erscheint, und auf ihre Form der kühlen negativen Diagnostik sprechen. Die lapidare Grundhypothese dieser Streitschrift ist die: die methodengläubige Sterilität eines idealisierten Standard-Verfahrens fügt dem schwer leidenden Patienten das kumulative Trauma, wegen dessen er den Analytiker aufsucht, noch einmal zu. Die Fälle, in denen in geduldiger jahrelanger Arbeit der Ausstieg aus dem Trauma gelingt, wiegen meiner Meinung nach nicht die Schäden auf, die durch eine solche analytische Haltung bei vielen Patienten neu und iatrogen hinzukommen.*

* Erst nach Abschluß des Manuskripts stieß ich auf J. Cremerius' Arbeit über *Die psychoanalytische Abstinenzregel (Psyche* 84). Er nimmt kein Blatt vor den Mund und spricht von der »Totalisierung der Abstinenz bis zu inhumaner Rigidität« (S. 769), von einer »verhängnisvollen Entwicklung der psychoanalytischen Technik« (776).

KAPITEL 1

Das Schreckgespenst: Die Anti-Analytikerin oder Das Grauen vor der Abweichung

Die therapeutische Verzweiflung, die die Autorin mit »Herrn X«, dem Prototyp des Anti-Analysanden, während der vergeblichen Jahre der analytischen Behandlung, die sie in Kapitel 6 beschreibt, durchgemacht hat, erscheint glaubhaft. Hat er sich doch zunächst, wenn auch gut getarnt, als durchaus analysierbar scheinende Person in das Behandlungszimmer eingeschlichen. »Der Patient, an den ich denke, scheint recht motiviert, eine Analyse zu beginnen. Voll guter Absichten paßt er sich der analytischen *Situation* an – nicht jedoch dem Prozeß. Scheinbar mühelos akzeptiert er die formalen Aspekte des analytischen Protokolls. Er erscheint regelmäßig und rechtzeitig zu den Sitzungen, füllt das Schweigen der Analysestunde mit klaren und kontinuierlichen Assoziationen, zahlt das Honorar am Ende des Monats –«, aber: »das ist auch alles«. Es passiert nichts, er bleibt »affektlos«. Es kommt schlimmer: »Ein solcher Patient erzählt mit Vorliebe Ereignisse seines Alltagslebens, wobei er zwar seinen Ärger, aber kaum eine Spur von Angst und Depression zum Ausdruck bringt ... Trotz seiner Gewissenhaftigkeit und Beharrlichkeit (ebenso wie der des Analytikers) kommt die Analyse nicht recht in Gang.« (208) Nicht einmal zum »Agieren« bringt es dieser harte Knochen noch, wenn man nicht die »gesamte Lebensführung als ein unablässiges Ausagieren betrachten will« (209). Ziemlich rasch werden er und ähnliche zu »Roboter-Analysanden« promoviert, »da sie den Eindruck vermitteln, sich wie Automaten durch eine Welt von Menschen und Dingen zu bewegen« (209). Hinter der negativen Tönung der Diagnostik kommt ein durchaus klares Bild zum Vorschein, das am besten durch die »negative Kraft einer Wendung gegen jede Bindung deutlich (wird), die zugleich alles versteinern läßt, was von der inneren psychischen Realität abgespalten, verworfen oder auf andere Weise abgewiesen worden ist« (210). Das Bild verschiebt sich bald ins Manichäisch-Gewaltige, weil es ihm, wie es die Autorin mit dem Begriff Anti-Analysand vermitteln will, gelingt, »etwas von dem Eindruck jener Kraft zu vermitteln, die in dem Begriff Antimaterie steckt, also von einer massiven Gewalt, die nur durch ihre negative Auswirkung deutlich wird ...« (210). Es kommt angeblich keine Übertragung zustande. Das kann man natürlich durchaus so formulieren, solange man auf sprachlich faßbare, konturierte Affekte wartet, deren emotionales Ziel der Analytiker ist. Aber gerade die gibt es, wie McDougall in mehreren Kapiteln zeigt, bei diesen Patienten nicht. Dafür wiederholen sie aber, in einer Art Ur-Übertragung, die Affektlosigkeit ihres frühen Milieus oder ihren Rückzug, oder das Nicht-Zustandekommen von Affekten unter dem Eindruck traumatischer Überforderung, wie ihn das klassische Setting vermutlich in einer Neuauflage bietet.

Schon gereizter klingt der Satz: »Das unbewußte Drama seines Inneren enthüllt sich einfach nie.« (211) Möglicherweise handelt es sich bei der Neu-Inszenierung um die falsche Bühne, oder das Drama ist in dieser Sprache nicht aufführbar. Aber dies ist ein Vorgriff. Die Mittel der Analytikerin, den Patienten doch zur Inszenierung zu verlocken, sind noch nicht erschöpft, wenn er auch inzwischen zunehmend in schärferes diagnostisches Formalin eingelegt wird: »Wie bei diesen Patienten neigt der Sprachstil der Anti-Analysanden dazu, flach, arm an Nuancen und Metaphern zu sein. ... Zur Beschränktheit der Inhalte des Denkens und der Qualität der Mitteilungen tritt ein bemerkenswerter Mangel an Affekt.« (211/12) Nach einigen weiteren Monaten vergeblichen Zuhörens schwinden allmählich die mildernden Umstände, die ihm zunächst zugute gehalten wurden: »Obwohl sie interessant sind und sich von normalen Neurotikern unterscheiden, machen uns diese Analysanden bei der Ausübung unseres Berufs nicht sehr viel Freude. Sie erzeugen in uns nicht nur ein Gefühl der Hilflosigkeit, sondern darüber hinaus ein Schuldgefühl!« (212) Das ist dreist und führt vor schwierige Probleme, denn diese Patienten beharren ja darauf, daß sie Hilfe suchen und geheilt werden möchten. Vor solcher Kundschaft kapituliert man nicht so rasch. »Schließlich scheint es unstatthaft, einen kooperationsbereiten Patienten für nicht analysierbar zu halten, der regelmäßig Monat für Monat zu den Sitzungen erscheint ...« (212)

Nun strebt das Denken der Autorin scheinbar einem Gipfel der Selbsterkenntnis zu, wenn sie betont: »Wenn wir nicht wie er gegen Selbstkritik gefeit sein wollen, können wir kaum den Eindruck vermeiden, daß mit unserer Arbeit in der Analyse etwas nicht stimmt.« (212) Richtig, denkt man aufatmend, es könnte durchaus sein, daß ihm mit dem fließenden Austausch von Sprechblasen nicht gedient ist, angesichts der in der Sprache nicht vorhandenen affektiven Inhalte.

Aber dann kommt eine interessante Wendung. Es kann natürlich nur am Patienten etwas nicht stimmen, nicht am Setting. Falsch kann höchstens die Entscheidung sein, ihn bei dieser kostbaren Veranstaltung zu akzeptieren: »Bevor wir ihn für seine Unfähigkeit verantwortlich machen, einen Nutzen aus dem zu ziehen, was wir ihm anbieten, müssen wir zunächst einmal unsere Entscheidung in Frage stellen, ihn zur Analyse zuzulassen.« Das Instrument könnte zu feinsinnig für ihn sein. »Hatten wir unrecht damit, ihn für analysierbar zu halten und zu akzeptieren?« Oder, einen Hauch grotesker: »Besteht nicht sein Symptom darin, daß er weiterhin in Analyse ist?« (Er scheint sich noch Hoffnungen zu machen.) Nach vier Jahren dieses Zeremoniells ohne Bewegung (wieviel Wut und Haß mag sich inzwischen angesammelt haben? Der Patient kriegt es schriftlich ab) fragt sich die Therapeutin, was sie anders hätte machen sollen: eine höhere Dosis Melanie Klein, oder »nach der Art von Wilhelm Reich aggressiver vorgehen und seinen Charakterpanzer mit Macht angehen ...?« Sie hat sich nichts vorzuwerfen, sie tat, was sie konnte, gab vom Feinsten, was in der gegenwärtigen Deute-Kunst zu finden ist: Ich habe »viele neue Anläufe unternommen und Deutungen nach dem Muster von Melanie Klein, Wilhelm Reich, Donald W. Winnicott und Jacques Lacan ebenso gegeben wie Deutungen nach meinem eigenen Ansatz – ohne daß all dies irgendeinen Erfolg gehabt hätte.« (213)

Dem Patienten ist eine gewisse Originalität nicht abzusprechen. Er kam nämlich im Laufe der Zeit zu dem Schluß, *»sein Analytiker habe Probleme«* (213). Dies wirkt nun selbst auf die hartgesottene Deute-Künstlerin mit einer gewissen Wucht. Sie fragt sich betroffen: »Soll ich von mir aus das Protokoll der Analyse durchbrechen?« Man denkt an die gelegentlich entsetzte Protokollchefin von Adenauer, v. Pappritz, die zu ähnlichen Tönen fähig war, wenn das pralle Leben die Etikette durchschlug. »Soll ich ihn bitten, im Sitzen weiter zu reden und mir in die Augen zu sehen?« Mein Gott, wie intim! »Soll ich ihn einladen, ein Glas mit mir zu trinken?« Sie ist gewarnt worden in ihrer Ausbildung: in jedem Patienten steckt der Drang, seinen Analytiker in eine wüste Orgie zu verwickeln! »Soll ich ihn aufrütteln?« Das wäre, angesichts eines Zombies, Sachbeschädigung! ... »Selbst wenn mein Analysand keine Spur einer bewußten Phantasie erkennen läßt, so wird mir doch klar, daß *mir* allerlei merkwürdige Ideen vorschweben, daß ich meinerseits *agieren* (Hervorhebungen von mir, T. M.) und irgend etwas, ganz gleich was, verändern möchte, um aus dem eingefahrenen Gleis herauszukommen.« (213) Sie scheint einer spontanen menschlichen Regung sehr nahe und also in höchster Gefahr. Wie sie sich aus dieser abgrundtiefen Versuchung gerettet hat, schreibt sie nicht; in meiner Phantasie hat sie dreimal das Psi-Zeichen in die Luft gemacht (entspricht bei den rechtgläubigen Analytikern dem Sich-Bekreuzigen). Man spürt jetzt die Angst vor der behandlungstechnischen Abweichung leibhaftig, aber der Sankt-Sigmunds-Eid (nach der eingeschränkten klassischen Fassung) rettet sie, denn sie erkennt die Nähe des Antichristen: »Doch folgte ich diesen Ideen, würde ich meinerseits zu einer Anti-Analytikerin«, und die käme sofort in die Hölle ... »Das genau festgelegte Protokoll, das einen Patienten vor meiner eigenen Gewaltsamkeit ihm gegenüber schützt, hält mich in der Rolle der Analytikerin.« (214)

Das beklommene Publikum kann aufatmen. Die reine Lehre ist gerettet. Der schlimme Herr X., übrigens »ein Architekt von 44 Jahren, verheiratet, zwei Kinder, entstammt einem Milieu, in dem die Analyse hohe Reputation genießt und in dem zahlreiche Freunde und sogar Familienmitglieder sich einer Kur unterzogen haben«

(214), der schlimme Herr X. also, was maßt er sich an im fünften Jahre der zirkulären Expedition ins Reich der Fossile? »Er fragte sich, ob ich seinen Fall verpfuscht hätte.« Die Therapeutin gesteht ihm sogar, daß sie sich das auch schon gefragt habe, aber das ist ihm nun seinerseits zuviel der Wahrheit, und er verlangt, wieder auf vier Wochenstunden hochgesetzt zu werden, und wünscht sich weitere vier Jahre, da capo. Sie möchte ihn an einen Kollegen verweisen, wahrscheinlich an den Feinkostladen um die Ecke. Aber er weigert sich. Ich wäre in seiner Lage, angesichts dessen, was ihm bei einer wirksamen Therapie bevorstünde, auch froh, wenn mich jemand nur mit Deutungen berieselte.

Die Mesalliance geht also weiter und wird mit interessanten Aspekten für den Leser angereichert, bei denen auch, was ich später verdeutlichen will, allmählich spürbar wird, warum die Therapeutin meint, *sie* müsse den Patienten vor ihrer Gewalttätigkeit schützen. Er versucht nämlich, sie für die technischen Details eines Küchenschrankes zu interessieren, sicher in unangenehmer Ferne zu seinen Gefühlen, sie aber beschließt, in Ahnung ihres aufziehenden Ärgers: »Ich weigerte mich, die analytische Maske wohlwollender Neutralität abzulegen, und zog mich narzißtisch zurück. Sonst hätte ich vielleicht gesagt: ›Sie und Ihr Küchenschrank, Sie langweilen mich zu Tode.‹ Ganz in meine eigenen Gedanken und Phantasien versunken, wurde mir plötzlich klar, daß ich nicht mehr zuhörte.« (216)

Ist es ungerecht, angesichts ihrer starken Affekte die »analytische Maske« als unaufrichtig zu bezeichnen? Es ist anzunehmen, daß er ein Patient ist, der Affekte überhaupt erst lernen muß, entweder weil er sie kaum kennengelernt hat oder weil er sie aus Angst aus seinem Seelenleben verbannt hat. Er müßte also Gefühle bei anderen erleben und versucht wohl auch verzweifelt, die Analytikerin für sich zum Fühlen zu bringen, vielleicht sogar zum Platzen, oder, falls sie rechtzeitig fühlt, zu kontrollierter Mitteilung. Da das nicht zur wohlwollenden Neutralität paßt, hilft nur der Rückzug, und in dem steckt in der Tat sanfte Gewalt: Sie deutet und zieht sich zurück, anstatt ihm die unbekannte Welt der Gefühle zu zeigen.

Er schildert seinen Vater als »schwach und schürzenjägerisch« (er war also kein Vorbild) und spricht dann »von seiner frommen und strengen Mutter«. Nun, die hat er in der Tat wiedergefunden. Allerdings glaubt die Therapeutin irrtümlich, daß es sich hier um »vielversprechende innere Objekte« handle, »wie man sie bei einem ›guten‹ Neurotiker erwarten darf« (217). Da steckt der Irrtum. Es muß früh etwas mit dem Patienten passiert sein, daß es nämlich nicht so weit zu einer affektiven Bindung gekommen ist; daß diese Objekte später verinnerlicht wurden. Das Pech des Patienten ist es, daß er diese »fromme und strenge Mutter« nicht nur nicht als konturierte »Repräsentanz« verinnerlicht hat und sie im Übertragungsangebot der Analytikerin wiedererkennen, mit ihr ringen und das innere Bild langsam verändern könnte. Im Gegenteil, er hat überlebt, indem er die Bindung an die Mutter abgewehrt oder erst gar nicht hat aufkommen lassen. Er bräuchte also ein »neues Objekt«, um fühlen zu lernen. Statt dessen stößt er auf eine regelgläubige, antiseptisch gesonnene Analytikerin, die sich als Partnerin seines gar nicht vorhandenen inneren Objektes anbietet und sich vor allem durch Unsichtbarkeit und »die Maske wohlwollender Neutralität auszeichnet«. Selbst wenn der Patient noch Reste von Suchbewegungen nach dem Objekt gerettet hätte, würden sie ihm in seinem Glaskasten der totalen Isolierung mit

Sicherheit abhanden kommen.

Das Problem wird aber im Text nicht weiterverfolgt. Die Autorin stellt vielmehr kurz Frau O., die nächste Anti-Analysandin vor, die sich dadurch auszeichnet, daß sie ebenfalls keine inneren Objekte, keine Phantasien und kein autoplastisches Leidensgefühl zu haben scheint, sondern höchst konkret mit Hilfe der Analyse auf den späten Erwerb eines Penis hofft. Mit diesem Wunsch ist sie so total identifiziert, daß sie sich auch durch tausend Deutungen nicht dafür gewinnen läßt, das zu problematisieren. Vielmehr glaubt sie ihn durch »tausend Analysestunden« zu bekommen. Wiederum gibt es, soweit berichtet wird, von der Analytikerin weder Gefühle noch zum Beispiel die *Deklaration**, daß sie selbst sich als Frau wohl und nicht betrogen fühle. Ob das eine Brücke zur Identifikation wäre, bleibe dahingestellt, das läßt sich nur beurteilen, wenn sich eine ausreichende Idealisierung gebildet hat.

Die Autorin geht aber abrupt zu einer Zusammenstellung der »klinischen Merkmale« der Anti-Analysanden über, und die läßt an entwertenden Tönen keinen Mangel: es ist wieder von der »roboterhaften Charakterstruktur« die Rede, vom »Mangel an Bildhaftigkeit und Affektivität«, von der »Banalität des Denkens«, die »einer

* *Deklaration* ist eine technische Maßnahme, bei der dem Patienten eine wichtige Tatsache, Haltung oder Willenserklärung des Analytikers mitgeteilt wird, die dieser sonst nicht erkennen kann, die er verleugnet oder aber die er zu seiner Orientierung und zur besseren Wahrnehmung des Rahmens oder einer wichtigen Realität braucht. In diesem Fall würde die Deklaration vermutlich eine starke affektive Reaktion auslösen, weil die Analytikerin, wie die Patientin, auf der Seite der »Betrogenen« lebt, also ebenso verächtlich ist wie die Patientin; oder die Phantasie käme zum Vorschein, daß die Mutter/Analytikerin einen Penis besitzt, ihn aber der Tochter/Patientin verweigert. Die Unsichtbarkeit der Weiblichkeit der Therapeutin und die Nicht-Deklaration verschleppen in jedem Fall den Prozeß. Die Patientin kann sich weniger mit einer Frau als mit dem analytischen Prinzip oder der Klugheit der Analytikerin identifizieren, und die wird vermutlich als phallisch erlebt.

mentalen Retardierung sehr ähnlich ist« (220). Dann kommt ein Einsprengsel, in dem sie diese Affektlosigkeit mit der von Kindern »mit einem frühen Objektverlust« vergleicht (worauf ich später zurückkomme), ohne daraus therapeutische Konsequenzen zu ziehen. Sie vergleicht sie mit Journalisten, die nur von Tag zu Tag auf Ereignisse reagieren, bescheinigt ihnen flache Bindungen und mangelnde Wärme, Träume mit lediglich »primitiven seelischen Konflikten« und »Leere« dort, wo eigentlich Objekte sitzen sollten. Aber deswegen kommen sie ja in die Analyse, selbst wenn sie es nicht so formulieren! Nur: aus Deutungen entstehen keine Objekte, wenn es sie nicht gab oder wenn sie früh verloren gegangen sind. Sie stochert also endlos in der Leere, wird ungeduldig, kommt aber nicht auf die Idee, daß sie sich als Objekt anbieten müßte, statt in »wohlwollender Neutralität« ein unsichtbarer Deutungsspender zu sein. Sie möchte analysieren, und damit basta, und da das nicht geht und funktioniert, verwandeln sich die armen Kerle in immer miesere, undankbarere Figuren. Kaum verhüllt von der Sprache der Wissenschaft schimpft sie weiter vor sich hin: »Auch die Übertragung vermittelt das Gefühl affektiver Leere.« (221) Was sollen die psychischen Habenichts übertragen außer der Leere, wegen der sie kommen? Dann beschwert sie sich, daß sie als Analytikerin »eher ein *Zustand oder eine Voraussetzung denn ein psychisches Objekt*« sei (221). Ja, hat sie denn nicht eine Seite vorher erklärt, daß es sich möglicherweise um Kinder handle, die einen frühen Objektverlust erlitten hätten? Der manifestiert sich natürlich in der Übertragung: die Unsichtbarkeit des Therapeuten ist die perfekte Reinszenierung des Objektverlustes. Er ist der Verwalter eines leeres Nachlasses, beschäftigt sich einige Jahre mit dessen Inventarisierung und ärgert sich, daß es nichts zu erben gibt.

Dann gehen die armen Würmer eine Fusions- oder Kokonübertragung ein: »Er scheint statt dessen zu leugnen, daß zwischen beiden irgendeine Distanz existiert und daß der Analytiker eine eigene psychische Realität besitzt.« (221) Ja, wie soll er es denn merken, wenn aus dem Hintergrund wohlwollend neutrale Sprechblasen kommen? Wenn sie lange genug aus der Unsichtbarkeit heraus in der Asche gestochert hat, stellt sie gewichtig fest, daß dort, wo sie ein inneres Objekt vermutet, eine »Leerstelle« sei. Dann taucht wieder eine sinnvolle genetische Idee auf, nämlich daß der Patient etwas aus seiner frühen Kindheit wiederholt. Aber es wird im psychoanalytischen Kopfstand vorgetragen: er wiederholt nicht etwas, was ihm geschehen ist (etwa, daß sein lebendiges Selbst geleugnet wurde, daß um die Objekte herum Leere war oder gefährliche Übergriffe stattfanden), sondern er hat das vermutlich immer schon so gemacht wie mit der Mutter, aktiv und um Schmerz zu vermeiden: »Unablässig scheint er eine Situation zu wiederholen, in der er als kleines Kind dringend eine Leere zwischen sich und anderen herstellen mußte, um die psychische Existenz dieser anderen zu leugnen (warum wohl?, T. M.) und um damit einen unerträglichen seelischen Schmerz zu besänftigen.« (221/22) Hier scheint dieselbe Denkfigur zu herrschen, wie sie Alice Miller in bezug auf die Verführungsthese nachgewiesen hat: als aktiv (und damit schuldig) wird der Patient angesehen, der seine frühe Umwelt schon durch seine Unarten entleert, so wie das triebhafte Kind seine armen Eltern verführt oder, noch ruchloser, dauernd phantasiert, es sei verführt worden, weil sein gefährliches und unzivilisiertes Es doch nur die Zivilisation durcheinanderbringen will.

Kein Mensch wäre beunruhigt, wenn ein Psychoanalytiker eingesteht: ich habe Angst vor einer direkten und authentischen, das lebendige eigene Selbst (so vorhanden) einbringenden Begegnung und Interaktion mit dem Patienten (die er nie erlebt hat), sondern biete mich als Übertragungsschirm an für die korrekte Analyse neurotischer Strukturen, die sich auf dem unsichtbaren Schirm abzeichnen. Aber mit solchen »psychosomatischen« Patienten funktioniert das nicht, und der Rest ist lamentierende Diagnostik. Ich wäre nicht so ironisch, würde es sich nicht um eine groteske Veranstaltung handeln, wo einer mit dem antiseptischen Silberbesteck und hinter der sicheren Glaswand etwas analysieren will, was es nicht gibt! Wozu gibt es denn Bioenergetik, Körpertherapie, Rollenspiel, Psychodrama, katathymes Bilderleben, Kindertherapie mit Erwachsenen, Primärtherapie, in Kombination mit Psychoanalyse, wenn elitäre Spitzenklöppler mit sadomasochistischem Durchhaltevermögen negative diagnostische Artistik treiben und ihre fehlgeleitete Leidensbereitschaft als gewaltiges therapeutisches Engagement feiern lassen. Die für Neurotiker ausreichende »holding-function« des normalen analytischen Settings wird hier zum Nicht-holding, zur traumatisierenden Distanz. Aber natürlich sind die Patienten schuld an der analytischen Misere: »Statt dessen scheinen diese Patienten eine Art von verstärkter Betonmauer konstruiert zu haben, um die ursprüngliche Trennung zu verdecken, auf der die menschliche Subjektivität gründet ...« (224) Dabei ist der Autorin die Gefahr klar, der sich solche Patienten aussetzen, würden sie wirklich ihr Chaos zulassen auf der einsamen Couch: »Denn wenn dies geschieht (die Aufgabe der schützenden inneren Regeln, T. M.), droht das gesamte System in eine Leere und den Schrecken über den drohenden Identitätsverlust auseinanderzufallen.« (225) Wer will das schon riskieren, wenn er außer klugen Deutungen und ein bißchen Empathie aus dem sicheren Hinterhalt nichts finden wird? Und dann kommt wieder die realitätsnahe Feststellung: »Um überleben zu können, müssen sie lernen, wie ein *Automat* zu handeln.« (226) Deswegen kommen sie ja in Therapie. Aber sie müssen etwas vorfinden, was ihnen erlaubt, zum Trauma zurückzukehren, das die Kluft in ihnen aufgerissen hat, und nicht einen anfangs noch so warmherzigen Worte-Spender und selbst worte- und symbolbedürftigen Helfertyp, der sich mit der beredten Analyse eines Hungertodes aus der Affäre zieht. Die diagnostische Rache folgt so sicher wie das Amen in der Kirche: »Die Konstruktion eines so todsicheren psychischen Systems verleiht dem Ich die Stärke eines komputergesteuerten Roboters, der zum unbesiegbaren Wächter eines Seelenlebens des Subjektes wird – doch um den Preis von dessen innerem Tod. Ein lebendiger Kontakt mit anderen muß vermieden werden; sie müssen durch ein System von Verleugnungen und Zurückweisungen ... zurückgehalten werden, als brächte jeder Andere den Tod.« (227) Sie glaubt, daß sie dem Patienten als lebendiges Subjekt gefährlich würde (wenn es dosiert auf sie einwirkt), dabei haben derartige Patienten ein solches vermutlich nie zu Gesicht bekommen: »Er (der Analytiker, T. M.) muß sich nicht nur darüber klarwerden, daß seine bloße Gegenwart, seine Andersheit, ja schon der Grund, dessentwegen der Patient ihm zunächst gegenübertritt, als gefährlich empfunden wird.« (227) So, als hätte nicht *sie* Angst gehabt, bei der ersten spontanen Bewegung nach so viel Einschnürung gewalttätig zu werden! »Er muß zugleich akzeptieren, daß er mit den lebensfeindlichen Kräften im Inneren des Patienten kämpft, die darauf abzielen, jede Bewegung auf Null zu bringen, die bestimmte Triebregungen zu erwecken oder Hoffnungen neu zu beleben vermag – ...« (227) Warum kommt er denn dann? Weil er immer noch hofft, gefunden zu werden. Aber nicht in Deutungen, sondern in einem Setting und von einer Person, die ihm erlaubt, die primären Lebensregungen vorsichtig wieder ins Spiel zu bringen, bevor sie langsam, oder manchmal wie in einer Explosion, erstickt oder total abgespalten worden sind. Der Austausch von Sprechblasen bestätigt dem Patienten ja nur, daß das Leben verloren ist und es nur leeren Ersatz gibt, daß Objekte das *abwesende* sind, das, was *nicht* interagiert, reagiert, lächelt, fühlt, echot, eingrenzt, stimuliert und mitschwingt, unsichtbar und nicht körperlich fühlbar, aber natürlich in Panik darüber, daß Augenkontakt schon »antianalytisch« und vom Teufel sei.

Solchen Patienten fehlt die frühe interaktionelle Basis fürs Symbolisieren und Phantasieren. Da hilft nicht das phänomenologische Konstatieren fehlender Leistungen, die für die Analyse erst fähig machen, da hilft auch nicht das gelehrte Zitieren ebenso phänomenologischer Bilder aus der französischen psychosomatischen Schule, die sich ja ebenfalls auf das Monopol der Worte als einzigem Zugang zum Unbewußten kapriziert hat. Es gälte, die somatische und interaktionelle Basis des Phantasierens und Symbolisierens zu reparieren, bevor man mit dem kostbaren Instrument der Analyse kommen kann. Statt dessen, da die Autorin einfach nicht verwinden kann, daß sich diese Patienten ihrem hochkarätigen analytischen Bemühen entziehen, lamentiert sie weiter: »Die Schwerfälligkeit tritt jedoch später im Verlauf der Analyse auf und ist besonders erkennbar an der fehlenden Reaktion auf Deutungsversuche oder auf die Aufforderung, Situationen zu phantasieren, die mit Alltagskonflikten in Verbindung gebracht werden können oder ihnen zugrundeliegen.« (230) Es ist, als ob jemand im Zoo durchs Gitter ein geschundenes Tier durch Stupfen und Stochern mit dem ewig gleichen Stöckchen munter machen wollte. Schließlich kommt sie sogar auf die Idee – welche Kühnheit – ihnen ihre eigenen Phantasien und »eigenen Anfälle anzubieten, die sich auf Details von Familienbeziehungen und Kindheitsereignisse stützen, von welchen ein Analysand ... berichtet hat«. Aber es hilft nur kurz, und da die Bilder allmählich aggressiver werden, vergleicht sie die Wirkung mit der eines kaputten Weckers, den man geschüttelt hat und der dann wieder kurz tickt.

Aber da sie nicht anderes kann als deuten und dies für den Inbegriff von Psychoanalyse hält und meint, daran müßten auch Patienten mit »psychosomatischer Struktur« genesen, diese sich aber weigern zu gedeihen, »wird ein *Analytiker* in dieser Situation leicht entmutigt und schließlich träge« (230). Doch immerhin bekommt sie noch mit, daß die Folge ist, daß der Patient sich verfolgt fühlt.

Die Patientin Frau O., bei der nach allen klinischen Details wohl schon bei der frühen Ernährung eine Art Überflutung, Überwältigung und Entfremdung vorgefallen sein muß, findet zu den eher ödipalen Deutungen ebenfalls keinen Zugang, weil sie in der archaischen Übertragung gerade das ewige Deuten als Wiederholung der frühen, gewalttätigen Mast-Kur erlebt. Sie kann also gar keine Worte (die allerdings immer reichlicher fließen) in sich hineinlassen und verdauen; aber ihre Träume rufen bei der Analytikerin, die über das spuckende Kind allmählich verzweifelt, nur neue Wortfluten hervor, die, wie von einer raffinierten Mutter, »mit äußerster Vorsicht« vorgetragen werden, als wisse sie, daß es sich um etwas so Kostbares wie Lebertran handle, den es aber zu schlucken gelte. Einfühlsam deutet sie, daß sie der Patientin wohl vorkomme wie jemand, der sie zum Schlucken zwinge, aber leider ist diese Einfühlsamkeit auch schon Lebertran, wenn auch liebend dargereicht, und so kommt es zum endlosen Clinch über das Schlucken. Selbst in den Pausen weiß die Patientin natürlich, daß die Dame mit dem wundersamen Tranfläschchen hinter ihr sitzt und auf die nächste Gelegenheit wartet, doch noch etwas Wort-Medizin einzuflößen.

Die diagnostische Rache folgt auf dem Fuß: »Die Abwehrstruktur dieser Analysanden gehorcht dem Ziel, ihre gestörten Affekte unzugänglich zu lassen und die Lähmung von Teilen ihres Innenlebens aufrechtzuerhalten. Ihre gehemmten Wünsche sollen bleiben, wo sie sind. Da sie eine definitive Antwort auf ihre seelischen Schmerzen gefunden zu haben meinen, wollen sie nicht unnötig leiden. ... Übriggeblieben ist nur die schmerzunempfindliche Schale.« (233) Aber warum kommen sie dann? Ein Rest Hoffnung hält die Mesalliance in Gang; der Analytiker reagiert auf den Funken Hoffnung, der sich in Pünktlichkeit und Honorar ausdrückt, und quält sich weiter ab; der Patient spürt das engagierte Bemühen und perpetuiert aus der unablässigen, aber sinnlosen Zuwendung seine Hoffnung. Nach Jahren fühlen sich beide betrogen.

Das Leiden beider vertieft sich. »Was geht nun in einem Analytiker vor, der zum hilflosen Zeugen derart lähmender Vorgänge wird?« Trotz McDougalls in ihrer Einleitung stark betontem Interesse an der *Interaktion* mit ihren Patienten begnügt sie sich mit leidender Zeugenschaft, instinktiv vermeidend, für den Patienten ein wirklich neues Objekt im Frühstadium seiner seelischen Entwicklung zu werden. Deshalb erneut das alte Lamento: »Unser Kummer mit den Anti-Analysanden geht über die Frage des professionellen Scheiterns und einer narzißtischen Kränkung hinaus. Unsere Deutungen treiben nicht nur die Analyse nicht voran, sondern fallen in ein Faß ohne Boden. Dies läßt uns ohne Echo und bedroht uns in unserer Identität als Analytiker.« (233) Daß der Patient ebenfalls in elementarer Weise ohne Echo bleibt, nämlich auf der Ebene seines geschundenen oder von der Sprache getrennt existierenden Körper-Selbst, wird nicht bedacht. Monoman versucht sie mit dem Sprechblasen-Zentrum des Patienten zu kommunizieren, das durch den von ihr genau diagnostizierten Schnitt von den Affekten getrennt ist, und da der therapeutische Narzißmus ausschließlich mit der Wirksamkeit von Deutungen verknüpft ist, entsteht »Kummer« und Rückzug, was der Patient natürlich spürt, aber als eine ihm selbstverständliche Erfahrung akzeptiert und zur Vertiefung seines Weltbildes nutzt.

Damit ist aber der sado-masochistische Heroismus der Deutungs-Missionarin nicht erschöpft, sondern sie läßt sich wirklich, wenn auch hinter der Glaswand des rigoros gehandhabten Settings, ein in die Abgründe der Gegenübertragung. »Obwohl sie (die Patienten, T. M.) unsere Versuche, uns mit ihrem geheimnisvollen Rätsel und ihren überwältigenden psychischen Schmerzen zu identifizieren, rigoros zurückweisen oder entwerten, hindert uns dies nicht, uns introjektiv sowohl mit ihrem Ich wie mit ihren inneren Objekten zu identifizieren.« (234) Hier wäre eigentlich ein längerer Exkurs angebracht über Sinn, Ziel, vor allem aber Indikation der therapeutischen Identifikation mit dem Patienten. Wann braucht er sie, wann nützt sie ihm, und wann gleicht sie einer Art symbiotischem Verrat, weil er *Komplementarität*, nicht Identifizierung bräuchte? Im Falle dieser Patienten, so meine Hypothese, führt bei der Identifizierung eine seismographische Wahrnehmung, die aber nicht bewußt wird, den Patienten zu der Gewißheit, daß er Unheil anrichtet und deshalb weiterhin durch Deutungen verfolgt wird. Da ihnen spontane Empathie oft abgeht, entwickeln sie einen siebten Sinn für den Sprachklang, den sie häufig schon in frühester Kindheit zu dechiffrieren gelernt haben bzw. auf den sie reagieren wie auf unterkühlte Weltraum-Botschaften. Die Sprechblasen der Autorin, aus denen sie oft mit letzter Kraft die lange angestaute Wut, Enttäuschung, Kränkung und Resignation herauszufiltern versucht, stelle ich mir als solche »neutral« unterkühlten Botschaften vor.

Wo sich so viel Elend vollzieht, braucht es einen Schuldigen. Der ist natürlich rasch gefunden: »Einem Roboter-Analysanden gegenüber, der ohne Kontakt zu seinem eigenen Leiden ist (warum kommt er eigentlich? T. M.), wird ein Analytiker früher oder später seine Beobachtung äußern, daß der Patient sich von seinen affektiven und triebhaften Wurzeln abschneidet.« (234) Der Dummkopf und Todestriebtäter! Daß er das alles einmal erlitten hat, bevor es zu geronnener primitiver Abwehr wurde, wird nicht erwähnt; und daß es ihm in diesem analytischen Setting noch einmal, eingebettet in umfassende theoretische Überzeugungen und Rechtfertigungen, angetan wird, bleibt ungesagt. Dafür geht im unmittelbar folgenden Satz das Vergeblichkeits-Lamento weiter: »Doch bei diesen besonderen Patienten bleiben derartige Deutungen unbeachtet.« Und nun wird die Sache hanebüchen: man glaubt, dem Weinen des Folterers zuzuschauen, der aber nicht wahrhaben will, daß er es ist, der zwar die Qualen nicht ursprünglich erschafft, aber exakt reproduziert: »Hilflos muß ein Analytiker beobachten, wie sein Analysand psychisch verblutet und sich einer unbekannten Ursache wegen vernichten läßt. Diese ungleiche Auseinandersetzung mit einer tödlichen Macht führt dazu, daß die Gegenübertragung von intensiven Angstgefühlen und dem Wunsch durchdrungen wird, sich selbst zu schützen.« (234) Das Schutzbedürfnis ist begreiflich, führt doch der Analytiker, man möchte sagen, leichtfertig, den Patienten in sein extremes frühes Elend, ohne ihm auch nur einen Finger, geschweige denn eine Hand anzubieten bei seinem Gang durch die Hölle. Daß er dabei Angst vor der Rache des Geschädigten bekommt, ist begreiflich.

Immerhin verschiebt sich jetzt der Schwerpunkt vom Sprechblasen-Deuten zum identifikatorischen Erleben in der Gegenübertragung. Daß auch dies nicht funktioniert, obwohl es doch der letzte Schrei der Glasperlenspiel-Psychoanalyse ist, macht die Sache wieder verzweifelt. Denn die Nutzung der Gegenübertragung oder gar der freischwebenden Rollenübernahme setzt im Patienten noch immer bestimmte Affekt- und unbewußt disponible Rollenfragmente voraus, die projiziert oder auf dem Weg der projektiven Identifikation verschoben und ausgelagert werden können. Dieses Stadium von Projektion, Externalisierung und projektiver Identifikation haben solche Patienten aber nicht erreicht, die Autorin nennt sie ja selbst Säuglinge im »embryonalen« Stadium. Daraus ist zu ersehen, daß es sich selbst bei den erst jetzt langsam in den klassischen Kanon einfließenden frühen Kommunikationsformen, die dem Analytiker wahrlich viel abverlangen an seelischer Offenheit und Eigenbeteiligung seiner frühen seelischen Prozesse, um elaborierte psychische Prozesse handelt, für die aber, *nach* dem notwendigen averbalen Erleben, mindestens im nachhinein noch Regeln der sprachlichen Faßbarkeit gelten. Die Sprachgier der Psychoanalytiker erhält also zumindest nachträglich, beim Einbringen der Ernte in den Heimathafen der Verwörterung, noch eine späte Befriedigung. In den von McDougall beschriebenen Fällen scheitert aber auch die unausgesprochen auf sprachlichen Konzepten beruhende Gegenübertragungsanalyse, vor allem, wenn sie permanent und redselig darauf drängt, dem Patienten, um der frühmütterlichen Einsamkeit zu entgehen, immer gleich alles mitzuteilen.

Quälend langsam arbeitet sich McDougall zu der Einsicht vor, daß es sich bei den Patienten um Kinder mit einem so frühen realen oder psychischen Objektverlust handelt, daß sie zum Beispiel das Objekt einfach *»vergessen«* haben (235). Folglich haben sie auch nicht getrauert, und es ist sinnlos, auf der Suche nach Trauer in ihnen herumzustochern. (Oder aber: das Objekt war so bedrohlich, daß es sich bei seiner Eliminierung um einen lebenserhaltenden psychischen Vorgang handelte. Dann muß aber die Leerstelle nicht dauernd kommentiert und gedeutet, sondern mit einem absolut neuen Objekt gefüllt werden, und ein solches entsteht nicht durch Deuten.) Der Analytiker gleicht inzwischen einem Leichenfledderer, der in Kindersärgen herumwühlt, um Spielkameraden für seine Sprachspiele zu finden. Es handelt sich in diesen Patienten, und vor allem in der unbewußten Szene zwischen ihnen und dem Analytiker um so archaisch-körperliche Vorgänge, daß die Wut, in die ich beim Durchgehen des Textes gerate, mir noch immer induziert scheint von psycho-physischen Affekten, die im Sprachlabor der Psychoanalyse nicht abgeführt werden können. Sie vergiften das Klima im Behandlungszimmer, und sie strömen jetzt ein in den

Tonfall der Auseinandersetzung. Trotzdem will ich mich nicht zu »analytischer Neutralität« zwingen, weil diese Affekte zum Erkenntnisprozeß hinzugehören. Entfernt man sich weit genug vom unmittelbaren analytischen Vorgang, so taucht, wie bei der Supervision von verfahrenen Therapien, *nach* der Identifikation mit dem geschundenen Patienten auch die mit dem leidenden Analytiker auf, aber das will ich noch zurückstellen und erst später mich in die Frage vertiefen, wie er sein glückloses Leiden hätte mildern oder gar in das anstrengende Glück einer hilfreichen Interaktion hätte verwandeln können.

Das Kapitel ist noch nicht zu Ende. Die deutsch-französische Freundschaft, des walte Eureka, wird ob dieser Streitschrift nicht zerbrechen, selbst wenn sie grenzüberschreitend kein Blatt vor den Mund nimmt. Der elitäre Elfenbeinturm der Psychoanalyse ist in Paris genauso hoch wie anderswo, und die diversen Zirkel und Gesellschaften schaukeln sich wechselseitig hoch in ihren Ansprüchen, den psychoanalytischen Weltgeist zu repräsentieren.

Spaß beiseite, zurück in die Folterkammer. »Angesichts des Eindrucks unendlicher Verlassenheit und unerträglichen Schmerzes, den diese Analysanden unwillkürlich vermitteln, ... mußte ich an die von Spitz und Bowlby untersuchten Kinder denken, die entweder durch Tod, Aussetzung oder Hospitalisierung in sehr frühem Alter den Kontakt zu einem oder beiden Elternteilen verloren hatten.« (235) Ein guter Einfall, der sogar die richtige Diagnostik noch ein Stück weitertreibt: »Ihr dringendes *Bedürfnis nach einem Objekt* gestattet es ihnen nicht, ein Objekt während dessen Abwesenheit zu introjizieren und sich dieses Objekt, das sonst ständig verschwinden oder ganz verlorengehen würde, innerlich erreichbar zu halten.« (236/6) Richtig! Nur, was wäre die geeignete therapeutische Maßnahme? Soll ein nur durch die Stimme präsentes, ungreifbares, konturloses Scheinobjekt die sich ewig wiederholenden entsetzlichen Vorgänge kommentieren, den eigenen induzierten Schmerz dem gequälten Säugling mitteilen (der sich magisch daran für schuldig hält und vor dieser unerträglichen Konstellation panisch in völlige Empathielosigkeit abgleitet)? Dem unendlich objektbedürftigen Patienten wird dauernd ein in der Sprache präsentes Scheinobjekt vor die Nase gehalten, das ihm das Elend seiner Objektlosigkeit vorbetet, seine Hoffnung reizt und ihn doch permanent betrügt.

Aber die psychoanalytisch-behandlungstechnischen Absurditäten sind noch steigerbar. »Die Anti-Analysanden sind diesen hilflosen und verwaisten Kindern ähnlich. Wie diese scheinen sie ihre inneren Objekte ... mumifiziert zu haben ...« (236) Was macht der Deutungskünstler in einem solchen Fall? Er versucht eben, über einige Jahre mit Mumien zu reden, mal flüsternd, mal brüllend, mal einfühlsam, mal gereizt, und wundert sich, wenn er aus den Sarkophagen heraus nur sein eigenes verzerrtes Echo hört.

Die nächste Steigerung: »Ich gelange nunmehr zum dritten Gebiet, auf dem sich die Anti-Analysanden von den typischen psychosomatischen Patienten unterscheiden: das Fehlen von Aggressivität.« (236) Warum muß sich die Autorin dann vor ihnen schützen? Sich zurückziehen? Sie vor ihrer eigenen Gewalttätigkeit bewahren? Das psychoanalytische Systemdenken kann wundersame Verleugnungen vollbringen. Aber die Sprache bringt es irgendwann doch an den Tag, und sei es über den Umweg der negativen Diagnostik oder die Affekte dessen, der das Ganze aus scheinbar sicherer Entfernung betrachtet. »Die große Gereiztheit, die so oft gegenüber wichtigen Personen im Leben der Patienten zum Ausdruck gebracht wird, zeigt, daß die Anderen ... als seelische *Behälter,* wenn nicht gar gelegentlich als Mülleimer betrachtet werden.« (236) Woher kommt denn die permanente Gereiztheit der Autorin? Es läßt sich nicht mehr genau unterscheiden, ob die Patienten zuerst *sie* als Mülleimer für ihre schlimmen Gefühle, oder die Analytikerin die Patienten als ebensolchen für ihren Deutungsmüll benutzt haben. Zwar sieht sie ein: »Denn das Rätsel des Patienten erfordert nicht nur unser Verständnis, sondern seine tödliche Kraft muß auch irgendwo in jedem von uns existieren.« (234/5) In der Tat, und sie hat davon reichlich Gebrauch gemacht. Die instinktive Weigerung, sich als neues Objekt zur Verfügung zu stellen, führt zwar zu immer neuen diagnostischen Ergänzungen und Wiederholungen, aber nicht zu einer Lösung. »Ihre tiefe und in gewisser Hinsicht positive Bindung an die Objekte ihres Hasses ist unbewußt. Die im Bewußtsein vorherrschende Verärgerung hält an einer affektiven Bindung an die Objekte fest, und dies mag einer der Gründe dafür sein, warum diese Patienten bestrebt sind, über ihre Umgebung chronisch verärgert zu sein.« (237) Martin Beland hat in einer noch unveröffentlichten Arbeit über »Vorwurfspatienten« behutsam herausgearbeitet, daß der Therapeut am besten fährt, wenn er annimmt, daß die Vorwürfe zu Recht bestehen und das ursprüngliche Objekt, oder die Objektfragmente, sich finden lassen, gegen die sie in wechselnden Verkleidungen gerichtet sind. Sie wagen sich dann sogar allmählich in die Übertragungsbeziehung, wenn sie, was wahrlich schwer genug, immer wieder anerkannt und in ihrer Berechtigung positiv validiert, d.h. gewürdigt werden als ein bisher nie zu fassendes Unbehagen, Wut und Verzweiflung gegenüber einem primären, unbefriedigenden Objekt.

Aber eine solche Anerkennung ist McDougall fern. »Es ist wichtig, darauf hinzuweisen, daß dieses immer wiederkehrende Gefühl, schlecht behandelt zu werden, sowie die ständig wiederholte Feindseligkeit leicht fälschlich als Ausdruck *psychischen Leidens* aufgefaßt werden können.« (237) Daß in die Gereiztheit und Klagsamkeit der Patienten auch Abwehr eingeht, ist klar. Reduziert man das Phänomen aber auf Abwehr, dann verkennt man die ursprüngliche Berechtigung, ja sogar den vorbewußten Erkenntnis- und Notwehrcharakter der Anklagen und kommt aus der Deutung der Abwehr in die Position der Gegenabwehr und befindet sich prompt auf militärischem Gelände: »Richtiger ließe sich diese Art der Beziehung zur Welt als ein Bollwerk gegen Selbstzerstörung sowie als Schutz gegen eine beängstigende Leere und gegen den Schatten des psychischen Todes auffassen.« (237)

An McDougalls Thesen ist immer viel Richtiges, sie sind nur durch ihre massive Einpersonen-Psychologie verzerrt, weil es immer nur ein einziges Subjekt gibt, nämlich den schlimmen Patienten, der sich die Welt nach seinen Ängsten modelliert. Da kein zweites Subjekt auftaucht, werden ihre das frühe kranke Subjekt dauernd monadisch ontologisierenden Thesen in der rigiden Versuchsanordnung dauernd bestätigt, und die negative Diagnostik führt gleichsam ins Unendliche, bis hin zu dem Nachweis, den das Kapitel ja liefern will, daß solche Patienten nicht behandelbar sind. Obwohl die Patienten regelmäßig kommen und auch »motiviert« scheinen, werden sie nun noch der letzten Eigenschaft entkleidet, die Aussicht auf Besserung geben könnte: »Der frühe Bruch zwischen dem Subjekt und den ihm wesentlichen Objekten scheint nicht nur die Fähigkeit zu deren libidinöser Besetzung zerstört zu haben, sondern gleichzeitig auch das Verlangen, mehr zu wissen, in Erfahrung zu bringen oder in Frage zu stellen. *Dies ist der Tod der Neugier.*« (237)

Nun kann man sich einfach fragen, auf welche Weise das sehr kleine Kind Objekte besetzt, und man stößt auf sehr intensive, averbale, physische Interaktionsvorgänge. Die sind bei diesen Patienten ausgefallen oder so gestört, daß eine Besetzung nicht zustande kam. Wieso sie durch Sprachberieselung wieder in Gang kommen sollten, ist nicht das Rätsel des Patienten, sondern des Analytikers oder der Psychoanalyse in dieser Version. Das Setting wiederholt sozusagen buchstäblich und mit voller Wucht das frühe Trauma der Anti-Körperlichkeit und besiegelt das Schicksal der Patienten. Man kann dem Phänomen mit dem Zitieren von Ausdrücken wie »Minus-K-Phänomen« oder »Kastration des Ich« oder »Kastration des Sinns« noch ein gelehrtes Etikett aufkleben (238). Es bessert nichts an der Bilanz, und die endet, nicht auf das Setting und das unverdauliche Trockengemüse der Deutungen, sondern natürlich auf den Patienten bezogen: »Derartige (frühe, T. M.) Ereignisse oder Repräsentationen werden also von ihrem Ort in der Kette der Symbolisierungen ausgeschlossen. ... In der Analyse kommt es notwendig zu keinerlei Übertragungen.« (238/9) Ähnlich päpstlich hat sich Freud seinerzeit über die Psychosen geäußert, aber bei ihm war immer klar, daß er Hypothesen vortrug und nicht ex cathedra sprach. Dabei füllt die Grundübertragung zum Erstikken das Behandlungszimmer, nur ist sie eben mit der silbernen Beißzange nicht zu fassen, und deshalb steigt die Gereiztheit bis zum Schluß des Kapitels. Denn: »Der Analytiker wird seinerseits zu einem fiktiven Feind, der abgewehrt werden muß.« (239) Meiner Meinung nach wird er zum realen Feind, und die folgenden Sätze bestätigen es: »Die Aufhebung einer libidinösen Besetzung (diese hat nie stattgefunden, höchstens als der Analytiker das angepaßte falsche Selbst des Patienten noch für einen Idealneurotiker gehalten hat, T. M.), ja sogar ein lebhafter Unwille gegenüber dem Analytiker sowie das immer wiederkehrende Scheitern von Versuchen, im tiefen Unbefriedigtsein des Patienten eine Bedeutung zu finden, führen zu einer kalten und sterilen Atmosphäre zwischen den beiden an der Analyse beteiligten Partnern, welche schließlich das dringende Verlangen des Analytikers zum Erlöschen bringt, mehr wissen zu wollen. Es ist in der Tat traurig, feststellen zu müssen, daß der Analytiker Gefahr läuft, den psychischen Schmerzen des Patienten gegenüber ebenso indifferent zu werden wie dieser selbst.« (239) Wie lange mag dieser kalte Krieg schon getobt haben zwischen den beiden? Wieviel Selbstvergewaltigung und Selbststilisierung des Therapeuten zu einem »analytisch neutralen« Wesen mag dem schon vorausgegangen sein? Wieviel Unwahrhaftigkeit im Ton, wieviel Zensur gegenüber Affekten, die der Patient dringend gebraucht hätte? Und wie grausam mag der Analytiker mit seinem eigenen Körper hinter der Couch umgegangen sein? Es wäre interessant, etwas über die psychosomatische Befindlichkeit während solcher Analysen zu erfahren, aber dies liegt außerhalb des der Autorin und vielen Analytikern berichtenswert Erscheinenden. Sie wollen psychosomatische Störungen oder psychosomatische Strukturen behandeln und sind von ihrem eigenen Körper während der Behandlung meilenweit entfernt, betrachten ihn möglicherweise als Störfaktor oder ebenfalls als Mülleimer für ihre frustrierten Gefühle.

Und trotzdem bleibt das große Rätsel, daß diese Patienten über Jahre kommen. »Manchmal hatte ich den Eindruck, daß sie sich an die Analyse klammern wie ein Ertrinkender an eine Schwimmweste, auch wenn er nicht mehr glaubt, das Ufer zu erreichen. Ich würde vermuten, daß diese Patienten an der Hoffnung festhalten, daß irgendwo in ihnen ein verborgenes Universum liegt, ein unbewußtes Seelenleben sowie eine andere Art, mit sich selbst und anderen denkend und fühlend umzugehen.« (240) Ich würde diese Vermutung teilen, möchte sogar darüber hinaus annehmen, daß das verborgene Universum im frühen lebendigen Körperselbst liegt, aber dieser Kontinent befindet sich für die klassische Analyse noch außerhalb der erfahrbaren Wirklichkeit. Die Landkarten, die viele Pioniere längst gezeichnet haben, nimmt sie nicht zur Kenntnis, da das Seelenleben, den frühen Erd-Vorstellungen gleich, eine Sprachscheibe ist, an deren Rand man ins bodenlos Präverbale fällt.

KAPITEL 2

Die Wiederbelebung der Monster
Über »Psychosoma und Psychoanalyse«

»Erst nach vieljähriger Analyse traten ihre ungeweinten Tränen hervor, und es zeigte sich ihr Wunsch, getröstet und umsorgt zu werden.« (374) Neben diesen Satz über die von Joyce McDougall im 9. Kapitel vorgestellten und von ihr als erfolgreich bezeichneten Behandlungen habe ich bei der ersten Lektüre das lapidare Wort »grauenhaft« geschrieben. Es bezog sich auf die Tatsache, daß es »vieler Jahre« bedurfte, verschüttete Affekte so weit an die psychische Oberfläche zu bringen oder ihnen im seelischen Apparat überhaupt (und im analytischen Setting) einen Raum zu schaffen, in dem sie ausgedrückt werden konnten. Obwohl auch dieses Kapitel von für die Analyse äußerst schwer zugänglichen, nämlich den »psychosomatischen« Patienten handelt, ist der Ton vollkommen anders. Die Autorin hat, wenn auch in mühseligster Arbeit, Veränderungen erreicht und ist durch das Erwachen der Psyche, von Affekten, Symbolen, Konfliktfähigkeit, Introspektion und reifenden Beziehungen der Patienten belohnt worden. Von behandlungstechnischen Problemen ist kaum die Rede, dafür findet der Leser einen fundierten Forschungsbericht zu den psychosomatischen Theorien, für den er dankbar ist, und schließlich die Erfahrungen und Thesen der Autorin zur Struktur und Reaktionsweise der »psychosomatischen Persönlichkeit«. Der Text löst in mir, ganz im Gegensatz zu dem über den Anti-Analysanden, keinerlei polemische Tendenz aus, vielmehr den Wunsch, den Reichtum und die gedankliche Klarheit ihrer Feststellungen zu würdigen. Er vertieft allerdings meine Überzeugung, daß, gerade angesichts ihres Forschungsberichts und ihrer eigenen Ergebnisse, die Einbeziehung des Körpers in die psychoanalytische Behandlung von psychosomatisch reagierenden Patienten förderlich, wenn nicht sogar geboten erscheint. Ja, da es sich um Fehlreaktionen aus der präverbalen Frühzeit des Menschen handelt, in der sich Körper und Seele noch durchdringen bzw. wenig voneinander geschieden sind, gar um die »Abspaltung« von Körper und Seele, um »totale Verwerfung« von Schmerz, Konflikt, Bindung, Trauer, überhaupt der Konturierung innerer Objekte, erscheint die analytische Fixierung allein auf Sprache immer unbegreiflicher, vielleicht sogar in einem bestimmten Sinne absurd.

Ich setze mich in diesem Kapitel weniger mit der genetischen Theorie der psychosomatischen Störungen und ihrer Darstellung und Erweiterung durch die Autorin auseinander, deren Brillanz, Scharfsinn und Reichtum ich bewundere, sondern mit behandlungstechnischen Problemen, die aus eben diesen Ergebnissen für die Psychoanalyse im klassischen Setting mit diesen Patienten fast zwangsläufig erwachsen. Die technischen Alternativen, die sich aus der Einbeziehung des Körpers in die Therapie ergeben, können im Rahmen dieser Streitschrift nur angedeutet werden. Sie sind einer späteren Arbeit »Psychoanalyse und Körper« vorbehalten.

Ich diskutiere also zunächst die wichtigsten phänomenologischen Merkmale der »psychosomatischen Persönlichkeiten«, wie McDougall sie beschreibt oder der Literatur entnimmt. Danach rekapituliere ich die wichtigsten genetisch-biographischen Szenen oder Strukturen, durch die die psychosomatische Persönlichkeit ihre frühe Prägung erfährt. Erst dann möchte ich aufzeigen, in welchem Ausmaß mir der reine Zugang vom Wort bzw. vom verbalen Verstehen her eine kaum noch zu rechtfertigende Einengung unserer heutigen therapeutischen Mittel darstellt.

Gleich zu Beginn ihrer Darstellung fällt eine gewisse Mythisierung und Mystifizierung des noch sprachlosen Bereichs der frühen Störungen auf, im Gegensatz zu den um den Ödipus-Komplex, die Kastrationsangst und die symbolischen Strukturen herum gruppierten Störungen: »Jenseits ihrer liegt das dunkle, präverbale Gebiet der Prägenitalität, dem semantisch geringeres Gewicht zukommt (warum? T. M.). ... In dieser Frühphase scheinen Seele und Körper noch eins zu sein. ... Zur primitivsten psychosomatischen Stufe der Existenz zurückzugelangen, käme beinahe der von Mystikern gesuchten Erfahrung einer ursprünglichen Schau gleich.« (327) Nun muß man die Mystik nicht gleich dort beginnen lassen, wo es dem verwörterungsgierigen Analytiker die Sprache verschlägt. In einer Reihe von Therapieformen sind diese Frühstadien schon ziemlich gut erforscht, selbst wenn die Kommunikation *auch* dem Therapeuten den Gebrauch von Bildern oder die dosierte Regression auf seine körpersprachlichen Wahrnehmungen, ja, sogar auf seine koenästhetischen Fähigkeiten nahelegt. In Primärtherapie, integrativer Körpertherapie, Bioenergetik, psychomotorischer Therapie (Pesso) und manchen anderen Verfahren mit starker und dosierter Hilfe bei der Regression lassen sich die frühen Stadien einschließlich fötaler Zustände und der Fülle der Erlebnisse und deren affektiver Wahrnehmung und deren Niederschlag ziemlich gut wiederbeleben und kommunizieren.*

* Ich verweise auf die Arbeiten von A. Lowen, A. Janov, St. Grof. Eine sehr gute Diskussion bieten Peter Orban in *Psyche und Soma* und für die Geburtsthematik Ludwig Janus, aber auch Perls und Pesso.

Doch zurück zum psychosomatischen Patienten. Schon bei der allgemeinmenschlichen Krise des »definitiven Verlusts der magischen Brust-Mutter« (327) ist er besonderen Umständen ausgesetzt, die ihn hindern, sich »psychische Objekte zu schaffen, die diesen Verlust kompensieren«, und zwar, weil entweder die Mütter zu wenig schützende Nähe bieten oder aber selbst nicht bereit sind, »den Verlust der magischen Einheit zu akzeptieren« (328). Die Folge sind Angst vor Vernichtung und Desintegration bei der Gefahr von Trennung. Diese Patienten sind also ständig einer »umfassenderen Bedrohung« ausgesetzt als die Neurotiker; ihr Unvermögen, sich von einem »Nicht-Ich« zu trennen, führt zu »katastrophaleren Ergebnissen«, wenn auch nicht zwangsläufig zur Psychose, und zwar aufgrund der spezifisch menschlichen Fähigkeit, die an sich lebensstiftenden Verbindungslinien zwischen Körper und Seele vorzeitig und radikal zu unterbrechen. Ein solches Geschehen kann sogar »unbemerkt bleiben, während seine schleichenden Auswirkungen, gleich dem Freudschen Todestrieb, fortdauern. Tritt dies ein, so haben Körper und Geist die Verbindung zueinander verloren.« (328) Die »angeborene Fähigkeit zu symbolischer Tätigkeit« kommt also gar nicht oder nur in minimaler und fehlgeleiteter Form zum Tragen. (Aber sie ist immer die ausgesprochene oder unausgesprochene Voraussetzung von Psychoanalyse!) Das Motiv dieser Spaltung, die aber nicht mit den zu psychisch elaborierteren Bruchstücken führenden Spaltungen der Borderline-Patienten zu verwechseln ist, bilden unerträgliche seelische Schmerzen archaischer Natur, die so überwältigend sein können, daß der psychische Apparat sie, in einer Art archaischer Abwehr, oder besser, ums Überleben kämpfender Gegenwehr, »verwirft«, auslöscht, streicht, exkommuniziert. »Wenn es uns aus welchen Gründen auch immer nicht gelingt, mit unseren psychischen Schmerzen fertig zu werden, können psychosomatische Erkrankungen auftreten.« (330)

Nun definiert McDougall noch einmal die klinische Leistungsfähigkeit der Psychoanalyse: als Therapie sei sie insofern kreativ, »als sie im Seelenleben getrennte Verbindungen wiederaufnimmt und neue herstellt« (330/31). Ihre ganze Darstellung der psychosomatischen Theorie dient aber dem Aufweis, daß es entweder gar nicht zu Symbolisierungen kommt, zwischen denen der Zusammenhang zerreißen kann, oder daß Körper und Seele sich so früh dissoziieren, daß es keinen überformenden Austausch von Botschaften mehr gibt. Das Psychische bleibt mumienhaft, und das Somative blind biologisch. Sie vertritt also die Auffassung, *»daß psychoanalytische Vorgänge das Gegenstück zu psychosomatischen Vorgängen sind«* (331).

Und nun kommt, wie bereits im Kapitel über den Anti-Analysanden, das apriori-Bekenntnis zur Unveränderlichkeit der psychoanalytischen Technik, die allenfalls verfeinert oder in bezug auf die Qualität des Zuhörens variiert werden kann, nicht aber in bezug auf Veränderungen, die durch die Art ihrer Darstellung der psychosomatischen Perrsönlichkeiten geradezu gefordert scheinen: diese Phänomene stellen für den Analytiker zwar besondere Probleme dar, »und es kann sehr wohl sein, daß sie einen anderen Ansatz erfordern als den, der zu einem Verständnis der neurotischen Anteile der Persönlichkeit nötig ist. Ich will damit nicht sagen, daß es besondere ›Techniken‹ ... gibt, sondern nur dafür plädieren, daß weitere Einblicke ... die Art und Weise ändern werden, in der wir unseren Patienten *zuhören.*« (331, Hervorhebung von mir, T. M.) Warum diese Einengung auf eine einzige Wahrnehmungsform, die akustisch-grammatikalische, wenn das halbe Buch dem Nachweis dient, daß die Störungen im wesentlichen außerhalb der Sprache liegen und sie selbst immer wieder von den »schweigenden Botschaften des Körpers« (331) spricht, die ganz anderen Regeln folgen? Das ambivalente Schwanken intensiviert sich, als ob sie die Widersprüchlichkeit ihrer Aufgabe, sich behandlungstechnisch antisprachlichen Störungen auf nur-sprachliche Weise zu nähern, hinsichtlich der klassischen Psychoanalyse immer deutlicher spürte: »Es handelt sich bei ihr um eine hochgradig spezialisierte Technik, die sich mit psychischen und symbolischen Funktionen eher als mit somatischen Veränderungen beschäftigt, für die sie nicht eigentlich konzipiert worden ist.« (332)

McDougall verdeutlicht das Problem noch an Freuds Unterscheidung von Konversions- und Aktualneurosen: bei den ersteren *»erzählt das Symptom eine Geschichte«* (335), bei der Hysterie stelle »der Körper sich und seine Funktionen dem Willen der Psyche zu Verfügung ..., während bei den psychosomatischen Erkrankungen der Körper selbst« ›denke‹ (336). Statt Symbolen finde man »Zeichen«, und die folgen »somatischen, nicht psychischen Gesetzen«.

Fühlbar widerstreiten sich bei der Autorin zwei Tendenzen: eine, das ganze Ausmaß der Differenz zwischen Körper und Seele immer wieder zu betonen und sie quasi als zwei so weit wie nur irgend denkbar auseinanderliegende Pole zu deuten, und dann doch wieder die Einheit, ja, ihre Untrennbarkeit zu unterstreichen.

Als treffendstes Bild erscheint ihr dabei das Meerwasser mit seinen so weit auseinanderliegenden Bestandteilen, ein Bild, bei dem sich aber, denkt man es nur ein wenig weiter, die eine Substanz in der anderen auflöst.

»Sagen wir also, daß die somatischen Teile das Salz und die psychischen der Wasserdampf sind. Dies gestattet uns, beide Komponenten als substanziell voneinander verschieden sowie unterschiedlichen Gesetzen unterliegend aufzufassen.« (341) Die Autorin unterstreicht immer wieder die maximale (»substanzielle«) Differenz der beiden Anteile, obwohl sie natürlich sieht, daß sich aus ihnen das Rätsel der Einheit des frühen psychosomatischen Selbst des Kindes bildet, aber sie betont auch, daß *»somatische und psychische Vorgänge unterschiedlichen Gesetzen gehorchen.«* (342) Sie spricht sogar etwas ärgerlich von der »unausrottbaren Verschiedenheit«. Trotzdem hält sie eisern an der Vorstellung fest, daß der Patient auch in seiner Körperlichkeit, die bei den »psychosomatischen Strukturen« ja zu einer Art exkommunizierter Wüste geworden ist, von der Seite der Symbole her erschlossen werden muß. Der nicht-symbolisierte Körper des psychosomatischen Patienten interessiert eigentlich gar nicht mehr, und hier liegt die zentrale Sackgasse ihres Ansatzes:

Nicht nur spürt sie, »daß der Analytiker die unerklärliche Körperlichkeit seines Patienten als narzißtische Beleidigung seiner Deutungsfähigkeit auffaßt« (343), sondern sie vertieft das Postulat, das die Sackgasse begründet: »Als Analytiker interessiert uns der Körper des Menschen in erster Linie als psychische Repräsentation, die durch die Sprache vermittelt ist.« (344)*

* Günter Ammon hat in hervorragend klarer Weise in *Psychoanalyse und Psychosomatik* (1974) diskutiert, wie weit der »symbolisierende« Ansatz trägt, bei der das Symptom eine Geschichte erzählt, und wo der frühe interaktionelle Bruch zwischen Kind und Milieu beginnt, bei der der Körper nicht mehr ins Reich der Symbolisierung eintritt, sondern geradezu als Schutzzone vor individueller Geschichte und Subjektivität benutzt wird. »Der kranke Körper wird vom Kranken als ein Nicht-Selbst-Objekt erlebt, zu dem er im Sinne der perversen Interaktion eine Beziehung der Intimität herzustellen versucht, in der er dieses Nicht-Selbst-Objekt als Teil seines Selbst erleben kann.« (117)

Da sie nur unter diesem eingeschränkten Interesse mit ihren Patienten spricht und das analytisch ansprechbare Menschsein erst mit einem symbolisierbaren Körper beginnt, der die Phantasien und die Geschichte der Triebverarbeitung erzählen kann, entsteht immer wieder die groteske Situation, daß Joyce McDougall sich mit enormer Geduld an ein Feld macht, wo es fast nichts zu ernten gibt. Das führt ständig in unendlichen Widerholungen zum Aufweis dessen, was diese Patienten *nicht* können. Sie sind vom Arrangement her unausweichlich in der Position des Versagers, im affektiven Leben wie auf der Couch. Aber das, was sie noch können, nämlich körpersprachliche Zeichen geben, die nach Ausheilung der früh zerstörten Interaktion mit einer »ausreichend guten« Umgebung schreien, spielt in diesem Treibhaus der Wörter keine Rolle. Denn: »An die Stelle der erwarteten neurotischen Symptome treten Gesichtsbewegungen, Gebärden, sensomotorische Erscheinungen und körperlicher Schmerz« (347)*, aber diese Botschaften interessieren nicht, es sei denn, sie bequemten sich nach jahrelangem Bemühen doch noch zu einer Grammatik der Gefühle und Symbole, zu deren Vermeidung sie an-

* McDougall ist hier der Fülle der körpersprachlichen Beobachtungen, die sich in den letzten Jahrzehnten angesammelt haben, relativ nahe, wenngleich sich ihre Aufzählung anhört wie eine Sammlung psychischer Abfallprodukte. Die Dechiffrierung dieser, aus klassisch-psychoanalytischer Perspektive gesehen, Rest- oder Rudimentärsprachen ist inzwischen weit gediehen. Ihr Adressat ist allerdings nicht mehr das meditativ geöffnete dritte Ohr, sondern vor allem das Auge und der empathisch-interaktiv sich einfühlende Körper des Therapeuten oder der Mitpatienten, die ihren Körper unter der Anleitung des Therapeuten zur Entzifferung bzw. Vollendung der präverbalen Handlungs-Gesten in der ursprünglich intendierten Interaktion bereithalten. Auf einer noch tieferen Ebene, auf der dem Kleinkind die entlastende Interaktion mit der Mutter kaum noch zugänglich war, wird der Körper oft tatsächlich zum Müllabladeplatz, der erst dann saniert werden kann, wenn die abgespaltenen Ur-Affekte neue Abfuhrbahnen gefunden haben mit *neuen Objekten* und nicht mehr en bloc an der schwächsten Stelle des Körpers begraben werden müssen und zu Schmerzen, Blockierungen oder gar zur Entzündung und Zersetzung des Gewebes führen.

getreten sind. Man könnte auch von der antwortlosen Sklavensprache des Körpers reden, die nur noch lärmend-stummes Zeugnis ablegen kann, weil dem vornehm-elaborierten Code der Sprache wichtige Dimensionen fehlen. Zum Verständnis des grotesken Arrangements scheint mir folgendes Bild treffend, das durchaus aus der Spannung zwischen sozialpsychologischen Phänomenen in Kolonialismus und Antikolonialismus stammt: ein »zivilisiertes Volk« erobert eine Kolonie, sagen wir in Afrika, führt einen neuen Herrschaftsstil, Verwaltung und Amtssprache ein, verachtet die alten Riten, beutet die Bodenschätze und die Kunstfertigkeit der Stämme aus und zerstört die stammesgeschichtliche Infrastruktur. Es kommt immer wieder zu gewalttätigen Ausbrüchen, Seuchen, Alkoholismus und Phasen der Apathie. Aber »die besten Köpfe« der Eingeborenen gehen auf die Schulen der Metropole und lernen, sich die Welt in der Sprache der Herren zurechtlegen, bauen in dieser Sprache sogar ein Nachrichten- und Kommentierungswesen auf. Auf mehreren Fernsehkanälen wird in der Herrensprache ein Kommunikationsangebot gemacht. Aber die Eingeborenen bleiben stumm, selbst wenn sich hochspezialisierte Ethnologen aus der Metropole daran machen, in hingebungsvoller Feldarbeit sich in die Kommunikationsformen und das Lebensgefühl einzudenken.

Das Bild hat sicher seine Grenzen. Aber irgendwann wird die Kolonialverwaltung den Stämmen, ohne sich rassistisch zu fühlen, auf vielen Gebieten schlechte Noten geben und sie zur Übernahme von Selbstverwaltung für unfähig erklären, obwohl man sich doch so geduldig bemüht hat und einen Teil der Jugend sogar in der Sprache der Metropole unterrichtet hat. Politisch hat sich der Kolonialismus nicht allzu sehr bewährt, und ich zögere nicht, auch beim behandlungstechnischen Ansatz von McDougalls psychosomatischem Denken von einer gewissen kolonialistischen Arroganz zu sprechen, die, alternativenlos und verbissen, das Instrumentarium der Metropole auf die unvorbereitete Psyche der »Eingeborenen« anwendet: »Ihr Ich mag verarmt sein, aber es ist nicht entstellt.« Doch die klassische Psychoanalyse rechnet mit einem reichen, aber entstellten Ich und verhält sich entsprechend, mit der Folge, daß die hier betroffenen Subjekte immer stärker als Minus-Varianten in Erscheinung treten.

Die Autorin zitiert zustimmend die These von Fain, »daß diese Säuglinge keine *befriedigenden*, sondern nur *beruhigenden* Mütter hatten« (349). Dies ist auch ein erster Hinweis auf die von McDougall mehrfach erstaunt wiederholte Frage, warum einige ihrer Patienten, obwohl sich nichts veränderte, so unablässig an ihr und der Analyse hingen: die Analyse bekommt, ohne etwas zu bewirken und zu verändern, die Funktion regelmäßiger Beruhigung, die den bedrohlichen archaischen Zustand in der Latenz hält. Sie wird, statt zum Katalysator von Veränderungen, zum Palliativ oder Sedativ. Sie nährt Hoffnung und institutionalisiert gleichzeitig die Garantie ihrer Wirkungslosigkeit, es sei denn, daß, wie in den positiv verlaufenen Behandlungen, ausreichende Symbolisationskerne vorhanden waren, die sich in jahrelanger Kleinarbeit allmählich verknüpfen lassen.

Folgen wir noch ein wenig dem Gang der Argumentation der Autorin und richten das Augenmerk sowohl auf die präzisen eigenen wie aus der Literatur zusammengetragenen Beobachtungen über die extremen Ausfälle in der Vorgeschichte dieser Patienten hinsichtlich einer ausreichenden Interaktion zwischen Mutter und Kind, die die Basis der Symbolisierungsfähigkeit bilden, sowie auf die Reproduktion und Vertiefung dieser Defizite durch eine Hinter-Couch-Psychoanalyse (aus dem »off«), die die Möglichkeiten, ein frühes Objekt zu besetzen, weiter schädigen. Sie spricht, Fain referierend, gleichsam von den eigenen Patienten: »Es gelingt diesen Patienten, ihre Sinneswahrnehmungen weniger stark zu besetzen, doch unterliegen sie insofern einem schweren symbolischen Mangel, als das Fehlen der Mutter psychisch keineswegs kompensiert wird. Es wird vollständig verleugnet, denn der Säugling hat sich frühzeitig einen Schutz gegen ihre Anwesenheit geschaffen, wenn sie zugegen ist. Sie wird zum hilflosen Zeugen seiner autoerotischen Aktivität.« (351) Das Zusammenspiel von mitgebrachtem Defekt und analytischem Setting ist perfekt. Der Analytiker, der den sprachbegabten Patienten für ideal behandlungsfähig gehalten hat, muß feststellen, daß sich die hochgradige innere Abwesenheit oder Verleugnung des Objekts verdoppelt durch die sensomotorische Abwesenheit des Analytikers, und nach Monaten oder Jahren des inhaltsorientierten Zuhörens konstatiert er, daß er einem klugen Gerede mit einer vorwiegend autoerotischen Bedeutung der Sprachmusik aufgesessen ist. Eine gelehrte Mutter und ein gelehrter Säugling haben einige Jahre miteinander telefoniert, obwohl sie sich zum Greifen nahe beieinander befinden.

Es muß hier noch einmal auf den Unterschied verwiesen werden zwischen den real psychosomatisch kranken Patienten, deren Sprache arm ist, und den »psychosomatischen Strukturen«, die auch sprachlich begabte Menschen besitzen können. McDougall rückt sie aber nahe zusammen. Nächstes Zitat, das die Wiederholung der Frühgeschichte im Analyse-Setting spiegelt: »Während die Mütter ihre Funktion als Schutzschild gegen den Reizstrom, dem ihre Säuglinge ausgesetzt waren, insofern nicht erfüllten, als sie entweder zu nahe oder zu weit weg waren, mißverstanden sie die nonverbalen Mitteilungen ihrer Kinder.« (353) Der Analytiker, der unverrückbar im Abstand von ein bis eineinhalb Meter unsichtbar hinter dem Patienten sitzt, erfüllt alle drei Mängel gleichzeitig: die Patienten, die mit Nähe nicht symbolisch umgehen können, also trotz räumlicher Nähe nicht »innen« auf die angemessene Distanz oder Nähe gehen können, erleben die Unverrückbarkeit als überwältigende Übermacht, mit der Folge primitiver Verleugnung; da der Analytiker aber auch nicht »interaktiv«, sondern nur symbolisch präsent ist, wiederholen sie das Verlassenheitstrauma in Permanenz; hinzu kommen die Schwierigkeiten bei der Wahrnehmung der nonverbalen Botschaften durch die äußere Anordnung wie durch die Schulung des Therapeuten. Auf einem Kongreß vor einigen Jahren in Wiesbaden hatte der Enkel Freuds, Ernst Freud, ebenfalls Analytiker, die geniale Idee, über dem Gesicht des Patienten einen Einwegspiegel dergestalt anzubringen, daß der unsichtbare Analytiker wenigstens auf diesem antiseptischen Weg Vorgänge auf dem Gesicht des Patienten beobachten kann. Er wurde immerhin ausgezischt.

McDougall läßt gar keinen Zweifel daran, daß sie die Container-Funktion der Mutter auch in ihrer körperlichen Reaktionsfähigkeit auf das Kind für zentral hält. Da die frühen Affekte des Kindes aber, vor allem in ihrer Übergangsphase von physiologischer Irritation und Abfuhrbedürfnis zum psycho-physischen Affekt, primär seelisch-körperlich »gehalten« werden, kommt es in der frühen Kindheit nicht nur zu keiner Symbolisierung der »holding«-Funktion, sondern (und das vertieft zu Recht das Mißtrauen und das affektiv bewegungslose Verharren des Patienten) er weiß im Grunde genau, daß das analytische Setting ihm ebenfalls nicht den geringsten Halt bieten würde, wenn die archaischen Affekte ihn in der Therapie überkommen würden. Ihm fehlte früh der interaktive Halt, und er weiß, daß es den im Ordinationszimmer ebenfalls nicht geben wird, sondern eher Befremden, Zurechtweisung, Panikreaktionen des Analytikers oder dessen Anruf bei Polizei oder Notarzt. Der Halt für das schmerz- oder affektbedrohte Kind ist psycho-physischer Natur, und da dieser in der Analyse nicht existiert, stellt das Setting so etwas wie eine betrügerische Dauerprovokation dar, die die Affekte, die doch nur in *konvulsivischer* Form vorhanden sind, zugleich zu stimulieren versucht, bei gleichzeitiger präverbaler Verabredung, daß die Position auf der Couch, im Sarg des mumifizierten Selbst, nicht verändert wird. McDougall zitiert zustimmend Yahalom (1967): »Damit einem Antrieb freier Lauf gelassen werden kann, muß die Repräsentation eines ›Objektes‹ vorhanden sein, das ihn auffängt. Sie kann als Sicherheitselement bezeichnet werden. Ursprüngliches Sicherheitselement ist (bei psychotischen Kindern, T. M.) die ›sättigende Mutter‹, und die Sicherheit erklärt, warum so beharrlich nach einem ›mütterlichen Echo‹ gesucht wird.« (355) Bleibt die Mutter nur »sättigend«, also nicht empathisch interaktive Mutter, dann werden die Säuglinge süchtig, wie McDougalls Patienten nach ewiger Psychoanalyse, und wollen von sich aus die Stundenzahl erhöhen, weil das Selbst nicht wächst, sondern immer intensiver beruhigt werden muß. Beide Partner leisten Sisyphus-Arbeit, mit wachsender latenter Verstimmung.

Im Vergleich zu psychotischen Kindern hebt McDougall immer wieder die Unterschiede wie die Ähnlichkeiten hervor. Dabei ist die Rede auch von den inneren »Monstern« und dem Umgang mit ihnen. Also »können wir sagen, daß psychotische Kinder sich an wahnhafte Monster anklammern, um den Mangel eines inneren, brutal nach außen projizierten Objekts zu überspielen, während psychosomatisch Kranke ihre Monster vorzeitig zur Ruhe gebracht haben. Sie haben sie *verloren*. In ihrem Unbewußten liegen archaische Phantasien tief vergraben, sind aber nicht sprachlich gefaßt und haben also keinerlei Zugang zu vorbewußtem oder bewußtem Denken. Da sie auf der präsymbolischen Stufe aufbewahrt werden, gelangen sie auch in Träumen nicht zum Ausdruck.« (357) In diesem Satz ist zwar immer noch die Hoffnung enthalten, daß es sich nur um »vergrabene« Phantasien handelt; die Hoffnung auf psychoanalytisch-deutende Schatzgräberei wird also weiter genährt; aber er erlaubt gleichzeitig mindestens die (bei McDougall nie gestellte) Frage, unter welchen Bedingungen die »weder gewachsenen noch nach außen projizierten« Monster wachsen und faßbar werden könnten. Daß sie auf der Couch keine Lebenszeichen von sich geben, erscheint mir natürlich. Was sollen ungeschlachte, mumifizierte Dinosaurier im bürgerlichen Salon? Sie fühlen sich obszön, weil in eine archaische Bewegungs- und Konvulsionswelt gehörig, bedürftig nach physischem Halt, äußeren Grenzen, Berührung und liebevoller, symbiotischer Gewaltsamkeit.

Sympathisch berührt immer wieder eine selbstkritische Offenheit von McDougall, in der das Monströse an der sterilen Sprach-Kommunikation mit sprachlosen Monstern mit Hilfe des psychoanalytischen Silberbestecks bis nahe an die Bewußtseinsgrenze kommt: Die Autorin spricht von der erhöhten Anfälligkeit für Infektionen und körperliche Beschädigungen bei diesen Patienten, »wenn sie (mit) traumatischen Ereignissen oder Konfliktsituationen konfrontiert werden, die entweder der

Vergangenheit oder der Gegenwart entstammen (wozu natürlich auch die Psychoanalyse gehören kann)« (360).

Es ist ohne Zweifel ein großes Verdienst von McDougall, aus ihrer Erfahrung und anhand der Literatur das extreme Ausmaß von in der Tiefe lauerndem seelischen Leiden hervorzuheben, das mangels anderer Auswege somatisiert werden muß. Es handelt sich um tiefe Hoffnungslosigkeit, Leere und Irrealitätsgefühle und eine totale Entfremdung vom Körper. Aber auch hier schwankt sie zwischen dem ruhigen Ton der Untersuchung, was diesen Patienten früh gefehlt hat (und was sie also für einen rudimentären Ich-Aufbau bräuchten), und einer immer wieder moralisierenden Sprache gegenüber den Kommunikationstechniken, die um den Schlüsselbegriff des »Agierens« oder »Ausagierens« zentriert ist. Einmal heißt es empathisch über Trennungserlebnisse: »In allen Fällen waren sie nicht in der Lage, das Ausmaß ihres Schmerzes oder Verlusts zu erfassen, weil sie ... jenen Verlust weder begriffen hatten noch ihn verarbeiten konnten.« (362) Aber dann ist wieder von der »Weigerung, seelischen Schmerz zu erleben«, die Rede, oder aber sie macht die Patienten »auf die Aspekte ihres Ausagierens als Reaktion auf die Analyse aufmerksam«, natürlich ohne Erfolg, weil *innerhalb* der Analyse nicht das geringste Agieren erlaubt ist. Die Zwickmühle ist, daß die Analyse die archaischen Wünsche anheizt, ohne ihnen außer dem *Telefonieren aus dem »off«* irgendeine Form oder einen Halt geben zu können. Nicht umsonst sagt sie immer wieder selbstkritisch: »Jeder Versuch, solches Material zu analysieren, muß sorgfältig auf unsere eigene Einstellung zu den narzißtischen Schmerzen der Patienten überprüft werden. Sonst laufen unsere Deutungen Gefahr, als feindselig und verständnislos oder als moralisierend aufgefaßt zu werden.« (324)

Tragisch an McDougalls Versuch, sich in durchaus selbstquälerischer Weise auf dem Weg des Aushaltens einer extrem schmerzhaften Gegenübertragung den Patienten annähern zu wollen, ist, daß er ebenfalls mißlingt, weil ihre schwerer gestörten Patienten nicht einmal von dieser Übernahme des Schmerzes profitieren konnten. Die Folge: eine immer negativere Diagnostik. Ganz offensichtlich setzt auch die Therapie auf dem Weg der Übernahme und Analyse der projektiven Identifikation beim Patienten eine gewisse rudimentäre Struktur voraus, in die die vom Analytiker »ausgehaltenen« und entgifteten Gefühle zurückgespeist werden können. Das Ausmaß der Frustration der Autorin wird also um so verständlicher, weil selbst ein hohes Maß von stellvertretendem Leiden nicht zum Ziel führt.

Immerhin erhält sie aber auf eine solche Agier-Deutung endlich Botschaften vom Patienten, die an Klarheit nichts zu wünschen übrig lassen: »Ich rede normal weiter, aber ich bin stets irgendwo anders. So bin ich mein ganzes Leben hindurch gewesen – als lebte ich nicht in meinem eigenen Körper. ... Ich fühle mich nur lebendig, glaube, daß ich existiere, wenn ich Geschlechtsverkehr habe. Mein Körper zieht sich irgendwie um meine Vagina herum zusammen.« (363) Man geht wohl nicht fehl in der Annahme, daß es zwischen Mutter und Kind keine Berührungsform gab, die der Patientin ein Gefühl separater, aber empathisch-körperlich wahrgenommener Existenz vermittelte, von der aus das Körper-Ich sich hätte konstituieren und wachsen können, außer vielleicht in einer desintegrierenden Sexualisierung bei der frühen Körperpflege. Die pathologisch überbesetzten Zonen (es könnte auch Mund oder Anus sein) bilden dann auch häufig den bevorzugten Bereich der Stimulierung durch andere Affekte, z.B. Angst und Panik.

Nach meiner Erfahrung genügt manchmal das wiederholte Angebot einer Berührung durch den Therapeuten, um im Körper einen neuen Kristallisationspunkt für ein aus der Interaktion abgeleitetes Körperempfinden zu bilden, indem z.B. die Hand auf dem Brustbein oder der Nabelgegend ruht. Zur eigenen Beruhigung und zu der des Patienten kann man hinzufügen, man wiederhole eine haltende Geste der frühen Mutter. Meist braucht man dann nicht ein paar Jahre auf die ersten Tränen zu warten, sondern der Patient kann etwas von dem nicht zu bewältigenden Schmerz in den Körper des Therapeuten abfließen lassen. Die behandlungstechnischen Probleme kann ich hier nicht vertiefen, ich werde sie an anderer Stelle ausführlicher erörtern. Im Falle der Patientin von McDougall erfolgte der Durchbruch nach schlimmen Jahren durch die (Zufalls-?) Entdeckung der Masturbation, verbunden mit dem absolut neuen Gefühl, »*daß ihr Körper ihr gehörte und Grenzen besaß*« (365). Ganz offensichtlich konnte sie nach längerer Analyse das überbesetzte, aber enteignete Organ der Mutter »entreißen« und sich allmählich autoerotisch konturieren. Mit diesem Rückhalt im Körperinneren gelingt dann auch die späte Entdeckung von Übertragungsgefühlen. Dies spricht aber nicht gegen das Angebot, viel früher, nicht erst nach Jahren, dem Patienten zu helfen, eine solche innere Bastion, sozusagen psycho-physisches Körpereigentum, zu entwickeln; es ist nur wichtig, es so zu dosieren, daß es nicht wieder ein Übergriff ist. Der entfremdete, verspannte, fast leblose Körper spricht allmählich zu der vorsichtig aufliegenden Hand und eröffnet dem Therapeuten vollkommen neue, koenästhetische und sensorische Kanäle der Empathie, ohne die ja wohl auch keine Mutter auskäme. In diesem Falle handelte es sich ohnehin um eine so tiefe Regression, daß auch McDougall versucht, sie zu lokalisieren im Zusammenhang mit Trennungserlebnissen: »Sie verlangte meine ununterbrochene Anwesenheit und mein Verständnis, ohne auf die Sprache zurückgreifen zu wollen. Sie handelte und empfand wie ein mißverstandener Säugling.« (365) Das klassische Setting geht, in mißverstandener Abstinenz-Sterilität, davon aus, daß man auch mit einem mißverstandenen, in bezug auf seinen Körper mumifizierten Säugling so lange telefoniert, bis es ihm gelingt, den grammatikalischen Sinn in den Hintergrund zu schieben und aus der Wort-Musik den ersten objektsymbolisierenden Interaktionskristall wachsen zu lassen, wobei es den Analytiker natürlich kränkt, daß er sich 90 Prozent seiner Klugheit hätte sparen können, um sich mehr dem Laut-Dialog zu widmen.

Der Standard-Einwand der Vertreter einer antiseptischen Abstinenz ist natürlich, daß Berührung durch den Therapeuten nur eine neue Sexualisierung bedeute. Das Umgekehrte ist wahr: die Nicht-Berührung konserviert und vertieft im Patienten die Überzeugung, daß Nähe und Sexualisierung oder Vernichtung identisch wären, so wie es in den realen Berührungen durch die pathogene Mutter oder in deren begleitenden Phantasien der Fall war. Gerade die vorsichtige Berührung durch den Therapeuten läßt oft zum ersten Mal die Ahnung aufkommen, es könne Nähe ohne Übergriff, Sexualisierung oder Aggressivierung geben. Die dogmatische Abstinenz kann das intensivste Mitagieren sein, das denkbar ist, weil es die phantasmatisch gespeicherten Ängste bestätigt.

Die Parallelen von Kindheits- und Couch-Erfahrungen sind noch drastischer und auch von McDougall so ausformuliert, daß es in der Tat erstaunt, wie vollkommen unerwähnt es bleibt, daß es seit einigen Jahrzehnten Körper-Therapie-Formen gibt, die exakt an diesem Punkt des monadisch isolierten Kind-Körpers, der doch so intensiv auf Kommunikation und psycho-physische Objekt- und Subjekt-Eroberung ausgerichtet ist, einsetzen. Sie schreibt von der Patientin Miss L, die »bemerkte, daß sie körperlichen Kontakt zu ihrer Mutter immer dann vermied, wenn sie wütend auf sie war« (375). Daraus läßt sich nicht nur schließen, die Mutter habe ihr eine aggressiv getönte Interaktion nicht erlaubt (die typischen Einfälle religiös erzogener etwa 40Jähriger: »Wer nach der Mutter schlägt, dem wächst die Hand aus dem Grab«), sondern die Patientin habe auch die Abwehr der Mutter internalisiert und gegen sich gerichtet. Damit muß sie aber mit immer höheren, nie real abgeführten Energiequanten umgehen. Die Aggression verschiebt sich in den Bereich archaischer Phantasien, der von der Mutter nicht kontrolliert werden kann. Damit entsteht im Patienten jedoch eine unbewußte magische Macht, die immer größere körperliche Totstellreflexe erfordert, weil gar nichts mehr in der Interaktion kontrollierbar ist. »Es war möglich, Säuglingsphantasien zu rekonstruieren, in denen die Tochter in Augenblicken sprachloser Wut die Mutter mit den Produkten ihres Körpers attakkieren wollte.« (376) Da stellt sich unwillkürlich die Frage, welche genialen Leistungen ein Säugling vollbringen müßte, um zu spüren, daß er seine Exkremente als Geschosse besetzen und mit ihnen in der Phantasie nach der Mutter schießen kann. Wie fühlt sich das in der Übertragung an? Davon ist keine Rede. Es ist eine gelehrte Rekonstruktion, deren affektives Äquivalent ein Patient in der klassischen Situation gar nicht reproduzieren kann. Er folgt vermutlich dankbar solchen Rekonstruktionen, weil sie seine früh expropriierten und, wie

McDougall selbst immer wieder betont, verleugneten und »verworfenen« Affekte doch noch als lehrbuchgerechte Phantasien wiederentdeckt und in die bengalische Beleuchtung einer nahezu wieder neurotischen Symptom-Geschichte stellt. Der mumifizierte Säugling ist aus dem Sumpf des archaischen Interaktionsentzuges auf das kartographierte Festland der verdrängten Phantasien gezerrt.

Wenn man, wie die Autorin, *nicht* beschreibt, in welcher Stimmung solche Rekonstruktionen erfolgen, die Reaktionen des Patienten nicht mitteilt und auch nicht von den eigenen psychosomatischen Reaktionen während solcher Phasen spricht, kann man keinen Glauben an die affektive Bedeutung solcher Phantasien beanspruchen. Von den begleitenden Affekten ist aber nicht die Rede. Vermutlich ist die therapeutisch günstige Wirkung solchen gemeinsamen Phantasierens, das, erfolgte es auf der Basis wirklicher Affekte, eine Atmosphäre tödlichen Nahkampfs erzeugen müßte, eine ganz andere. In wie symbolischer oder verdünnter Form auch immer werden Körperregionen und Verdauungsvorgänge *benannt,* anerkannt, validiert, in der Sprache zugelassen, die sonst auch auf der Ebene der Wortvorstellungen exkommuniziert wären. Insofern findet wahrscheinlich ein spurenhaftes Nachholen von in der Frühzeit weitestgehend somatisch abgehandelten Interaktionsvorgängen statt, die einen allmählichen Eintritt ins Psychische möglich machen. Was die Phantasie des Analytikers und die des Patienten ist, läßt sich wohl kaum ausmachen. Da es sich aber um eine Patientin handelt, der es »niemals wirklich gelungen war, ihren Körper von dem der Mutter zu trennen«, ist es bei ihrem tiefen Bedürfnis, »mit einer idealisierten Mutter zu verschmelzen« (376), nur wahrscheinlich, daß sie, in der sensorischen Deprivation der Abstinenz, die Einverleibung und Bestätigung der Phantasien des Analytikers zur Verschmelzung nutzt und im Kokon der symbiotischen Dyade verbleibt. McDougall bestätigt denn auch, daß die Asthmaanfälle nicht von den Tötungsphantasien mit Urin oder Faeces kamen, sondern von ihrer »Unfähigkeit, derartige Phantasien in einem Verhältnis zwischen zwei Körpern zu ertragen und zu verarbeiten« (377). Damit bestätigt sich der Verdacht, daß der affektive Gehalt dieser Phantasien nicht wirklich in die Übertragung eingetreten war, sondern daß es gelehrte Kommunikation blieb. Es wird auch nicht berichtet, daß für die exkrementellen Geschosse etwa böse Worte durch die Luft geflogen wären, wie es bei Zwangsneurosen ja nach geduldigem Warten und Deuten gelingt. McDougall schreibt, die Patientin habe sich der Eltern nie als Objekte »bedienen« können, und auch der Analysebericht vermittelt nicht den Eindruck, als habe die Patientin sich der Analytikerin bedienen können, »um mit ihren lebhaften Reaktionen auf die Welt und mit ihren kräftigen Triebansprüchen fertig zu werden. Sie hatte sie leblos gemacht, und nur ihr Körper erinnerte sich an sie.« (377) Gerade die Körpererinnerungen werden aber nicht genutzt und noch weniger in der Regression mit einem »antwortenden« Objekt in Beziehung gebracht, sondern die Körpererinnerungen wandern in den Kopf der Analytikerin und werden dort zu Deutungen, über deren Wirkung man nichts erfährt. Und die Parallele der Kindheitssituation zur Situation auf der Couch: »Die dyadische Beziehung zwischen Mutter und Kind hat sich in manchen Teilen nicht zu einer Welt aus drei Personen weiterentwickelt und ist auch nicht in endlosen projektiven Identifizierungen steckengeblieben. Statt dessen hat eine Rückwärtsentwicklung stattgefunden aus einem Verhältnis, das aus zwei Körpern bestand, zu einem Verhältnis, in dem es nurmehr einen Körper gibt.« (377/78)

Nun ist die Neurosen- und Psychosentherapie ja endlich dabei, aus der Ein-Personen-Psychologie der triebtheoretischen Konstruktion von Subjekt und Objekt auszusteigen. So besteht vielleicht auch Hoffnung, daß auf der Ebene der Psychosomatik der Ausstieg aus der »Ein-Körper-Welt« (378) erfolgen wird, weil es zu absurd ist, über Jahre mit der Lupe oder dem analytischen Mikroskop nach den winzigen Phantasierelikten und Symbolisierungsspuren im psychosomatischen Untergrund der Patienten zu suchen, wenn die ganze genetisch-diagnostische Hochleistung so eindeutig auf interaktionelle Defizite verweist, und zwar im psychophysischen Bereich.

Der Analytiker hinter der Couch symbolisiert oft nicht nur den »abwesenden zweiten Körper« sowie dessen Tabuisierung, sondern er erschwert auch den Ausstieg aus der bei »psychosomatischen Strukturen« häufig sich einstellenden Kokon-Übertragung, die auf einer fehlenden Separation und Individuation auf der Ebene des Körper-Ichs beruht. Der Analytiker »besitzt« den Raum, die Zeit und die Sprache und umhüllt damit den nicht-individuierten Patienten, der zur Abgrenzung nur die von ihm kaum zu nutzenden Sprachwerkzeuge erhält, in deren Gebrauch ihm der analytische Partner oft in erdrückender Weise überlegen ist. Er behält infolgedessen unbemerkt leicht etwas von der Konsistenz eines unsichtbaren, magisch mächtigen Monsters, mit dem verschmolzen bleiben zu wollen geradezu eine natürliche Überlebensregung ist, besonders wenn sich der gemeinsame Raum noch mit der Schutzschicht der Idealisierung überzieht, die durch konkrete Wahrnehmung und Abarbeitung kaum gemildert werden kann.

Wird die Mutter-Imago dann noch, aufgrund eines schwachen Vaters, phallisch aufgeladen, und dies ist bei der Konfusion der wenig konturierten inneren Objekte leicht möglich, dann verbindet sich die in weiter Ferne liegende oder noch nie erlebte konkrete Kastrationsangst natürlich regressiv, oder aufgrund einer tiefen Fixierung, mit einer integralen Vernichtungsangst. »Das phallische Symbol bleibt noch in der Mutter eingeschlossen, und die Kastrationsangst richtet sich dementsprechend auf den ganzen Körper und dessen Unversehrtheit, statt auf das Gebiet der genitalen Sexualität und der mit ihr zusammenhängenden Identität beschränkt zu sein. Diese Analysanden kämpfen darum, sich als Ganzheit zu erleben und lebendig zu fühlen.« (372) Sie spüren zwar von Stunde zu Stunde, daß sie nicht real angegriffen und überwältigt werden, aber sie wissen nicht, warum; aus der Tatsache der stündlich ausbleibenden Katastrophe gelangen sie noch längst nicht zum Symbol eines wohlwollenden Objekts. Ich glaube sogar, daß sie oft über lange Strecken angesichts der Stimme aus dem »off« überhaupt nicht wissen, ob das therapeutische Objekt noch lebt oder aus dem Grab, dem Jenseits oder vom Band spricht.* Deshalb können sie oft auch nicht wirklich überprüfen, ob das Objekt ihre Attacken überlebt hat, weil sie nicht sehen, fühlen, spüren, daß es lebendig ist. Wenn dann die Stimme des Analytikers in seiner Frustration und Mühe, die »Maske der freundlichen Neutralität« zu erhalten, gepreßt, gefiltert oder künstlich neutral klingt, dann ist die innere Katastrophe oft längst wiederholt, ohne daß der sich so tapfer Zwang antuende Analytiker es merkt.

* Die dramaturgische Verwendung des Tonbandes bei Beckett wäre einen eigenen psychoanalytischen Essay wert.

So wie ein Kind seine Informationen über seine Erwünschtheit und Lebendigkeit aus vielen sinnlichen Eindrücken an der Mutter bezieht, vor allem auch an seinen Wirkungen auf sie, so muß der psychosomatische Patient in diesem kargen Ritual sich von der oft selbst leblos werdenden Stimme des *Unsichtbaren* nähren, und das ist wahrhaftig ein Hungerleider-Dasein. Übrigens gestehen ja viele in einer psychosomatischen Klinik arbeitenden Analytiker hinter vorgehaltener Hand, daß sie die Gruppenbewegungs-Spiele, die konzentrative Bewegungstherapie, kurz, die dem Körper zugewandten Interaktionsformen und Rollenspiele für das bei weitem wirksamste Therapeutikum halten.

KAPITEL 3

Die Spinne und der Wurm Assoziationen zur Fallgeschichte von Kapitel X, »Körper und Sprache, Sprache des Körpers«

Es mag zunächst anmaßend wirken, den Bericht über eine einzige Stunde im fünften Jahre einer Psychoanalyse zu kommentieren, besonders, wenn es sich um einen extrem schwierigen Patienten handelt, von dem Joyce McDougall selbst sagt: »Man könnte versucht sein, diesen Patienten als Perversen, als Borderline-Psychotiker, als Charakterneurotiker oder als schweren Phobiker zu bezeichnen.« (382) Sie ahnt selbst die Problematik des Unterfangens, eine einzige Stunde darzustellen, will mit ihr aber ausdrücklich einige Punkte aus dem vorangegangenen Kapitel IX ihres Buches veranschaulichen. Es wäre natürlich bei diesem Kommentar einer Fallvignette von knapp zwanzig Druckseiten besonders wichtig, wenn sich der Leser noch einmal mit ihr vertraut machen würde. Einige meiner Leithypothesen aus den vorigen Kapiteln möchte ich noch einmal andeuten: bei Patienten mit »psychosomatischer Struktur« ist die Gefahr besonders groß, daß das psychoanalytische Setting das ursprüngliche Trauma wiederholt; man findet bei den meisten von ihnen archaische Formen einer Mutterbeziehung, aus der sie noch nicht »ausgeschlüpft« sind; einige Autoren sprechen von Kokon-Übertragung, Müller-Pozzi neuerdings von »globaler Identifikation«; die Nicht-Verknüpftheit von Körper-Ich und affektivem Ich führt dazu, daß das archaische Phantasiematerial, soweit es sich mobilisieren läßt, nicht »geerdet«* ist, also ohne erkennbaren Zusammenhang mit der frühen Interaktion bleibt; das Verschmelzungsbedürfnis des Patienten und seine geringe Fähigkeit, in eine konturierte Übertragungsbeziehung einzutreten, führen dazu, daß die Deutungen und das ebenfalls nicht »geerdete« Phantasiematerial des Analytikers quasi ohne Membran in den Patienten eindringen, assimiliert, aber nicht verdaut, ausgespuckt, aber nicht wirklich kreativ verneint werden. Obwohl die Körper-Sprache oft drastisch ist, wird sie nur auf der Ebene der möglichen Symbolisierungen untersucht; der interaktive oder fühlbar affektgetragene Anteil der therapeutischen Beziehung wird verdünnt, die Ichgrenzen verschwimmen, der Analytiker und der analytische Raum werden als überwältigend, gefährlich und unheimlich erlebt.

Die Grundhypothese der Autorin ist: »Wenn unsere Patienten nicht mehr phantasieren oder träumen können, dann müssen wir für sie träumen – bis sie wieder den Mut finden, Zugang zu ihrer psychischen Wirklichkeit und Kreativität zu gewinnen.« (383) Das klingt plausibel, birgt aber, angesichts des unentwickelten oder in der ursprünglichen Überfremdung nahezu totgestellten Kerns des Patienten die Gefahr einer neuen Überfremdung bzw. Aneignung oder setting-bezogenen Einfärbung seiner Persönlichkeit. Schließlich formuliert die Autorin ausdrücklich ein Ziel ihrer Behandlungstechnik, wie es von einer Reihe von Autoren auch für die

* Der Ausdruck »geerdet« ist sowohl umgangssprachlich gemeint, ebenso wie er Anklänge an die Bedeutung des bioenergetischen »grounding« enthält, wo es sich um das sichere Stehen auf dem Boden der »Mutter Erde« handelt. Genauer aber geht es hier um die Einbettung von Phantasien und Affekten oder Proto-Affekten in die psycho-physische Interaktion von Mutter und Kind oder später um die affektive und möglicherweise körperliche Interaktion von Therapeut und Patient.

Behandlung von Delinquenten formuliert wurde: man müsse sie zuerst »neurotisieren«, bevor man sie behandeln könne. Die Stimmigkeit dieser Hypothese hängt bei den Delinquenten allerdings davon ab, ob sie nach vielen Überprüfungen ein Objekt noch einmal so besetzen können, daß sie »Abhängigkeit« und Liebesbedürfnisse akzeptieren; dann erst kann es zu Identifikationen und einer Auflösung des terroristischen und externalisierten Überichs sowie der Entwicklung von Einfühlung und »Gegenseitigkeit« kommen. Das bedeutet für den Therapeuten die Bereitschaft, sich intensiv besetzen und prüfen zu lassen, und zwar auf der Ebene von Regression oder Fixierung, an der es zur dissozialen Entwicklung gekommen ist. »Neurotisierung« heißt also beim Delinquenten, ihm etwas nachzuliefern an Bindung und Abhängigkeit, was er nie besessen hat. Die »Neurotisierung« McDougalls hat dagegen eine andere Qualität: sie ist immer noch von der Grundhypothese getragen, daß das Symptom, trotz der immer wieder betonten Einsicht, der Zusammenhang sei zerrissen und die Somatisierung *»anstatt«* der neurotischen Entwicklung erfolgt, seine Geschichte endlich preisgeben soll. Wenn nötig, so läßt sich übertreibend sagen, erfindet sie eine Geschichte, ahnt das zwischendurch immer wieder, schwankt, greift Phantasiefragmente des Patienten auf (von denen man nie weiß, auf welchem Boden sie gewachsen sind), und sagt: »Es wäre verlockend, sich vorzustellen, daß seine destruktiven und kannibalistischen Phantasien auf irgendeine Weise die Ursache seiner Magenkrankheit sind.« (392), um sich dann wieder zur Ordnung zu rufen damit, daß es sich um eine »psychosomatische Regression« handele, nicht um ein analysierbares Symptom!

Zunächst fällt auf, daß die Autorin für ihre große Vignette die letzte Stunde vor den Sommerferien wählt und sich, wie bei einigen anderen Analysanden in den Wochen vor der Pause, entschließt, während der Arbeit schriftliche Notizen zu machen. Will man nicht annehmen, daß das Klima durchgängig bei ihrer Arbeit mit psychosomatischen Patienten so ungewöhnlich unterkühlt ist, wie es der Fallbericht zeigt, so kann man das teilweise dieser inneren Distanzierung zugunsten ihrer Seminar-Vorbereitung zuschreiben. Daß diese Behandlungen sie oft zu einem narzißtischen Rückzug brachten, haben wir in einem früheren Kapitel gesehen. Es mag den Analytiker in der Tat treffen, wenn der Patient emotional auch im fünften Jahr nicht auf die große Ferienunterbrechung reagieren kann: »Bei Paul Z., meinem Patienten mit Magengeschwür, führte die Ankündigung der Ferien zu keiner affektiven Reaktion und auch zu keinen spontanen Phantasien über die bevorstehende Unterbrechung«, sondern zu einem »*Wiederaufleben seiner Magensymptome*« (385). Wie wir sehen werden, nimmt sie die körpersprachlichen Vor-Anzeichen starker Affekte nicht wahr oder interpretiert sie fehl, und außerdem ist ohnehin klar, daß sie dem wirklichen Aufleben der Affekte mit ihren Möglichkeiten gar nicht gewachsen wäre, denn die Affekte sind noch konvulsivisch-interaktiv im Körper eingebunden, und obwohl sie immer wieder die »Kluft« zwischen Körper und Affekt betont, will sie doch nur etwas von verbalisierbaren Affekten wissen, selbst wenn sich der Patient unter dem Andrängen seiner heftigen Emotionen beinahe übergibt (391).*

* Mit dem Körper arbeitenden Therapeuten vieler Schulen ist seit Jahrzehnten bekannt, daß Schwindel und Brechreiz psycho-physische Alarmzeichen sind, daß die andrängenden Affekte nicht ausgehalten, aufgefangen oder limitiert werden können. Deshalb wird Halt angeboten oder haltende Präsenz im Affektsturm, Beistand beim psychotischen Abdriften oder Schutz und haltende Ein-

Da im klassischen Setting der angemessene Ausdruck der frühen Affekte, die ja mit Vernichtung, Verlassenheit, Überflutung usw. zu tun haben, kaum zugelassen werden kann, erhöht sich auch permanent die latente Angst vor ihnen, was den Analytiker zu immer kühneren Abwehr-Deutungen führt, obwohl es zum Teil Selbstschutz und zum Teil primitive Loyalität ist, die den Patienten hemmt, den Analytiker mit dem ihm nicht Vertrauten zu konfrontieren. Die Kluft versucht die Autorin mit ihren eigenen und vom Patienten natürlich mit reichem Material beschenkten Phantasien auszufüllen, von dem schließlich beide fasziniert sind. Es taucht eine Fülle von nicht in die Übertragungsbeziehung eingebundenem Es-Material auf, und der Säugling im Patienten wird zu einem Hexenmeister an fäkalischen und phallischen Angriffen, oral-sadistischer Vaginal-Akrobatik, Partial-Objekt-Kannibalistik, verbunden mit dem Wunsch, Mutter oder Analytikerin »zerrissen und aufgegessen zu haben«. Die Phantasie, kurz gesagt, entgleist und schlägt die lehrbuchmäßigen Kapriolen. Denn beide müssen ja eine Mythologie erfinden, in der die nichtgelebten Affekte wenigstens verbal vorkommen und benennbar werden. Fänden sie eine nachholende, haltende Interaktion, so bräuchte es gar nicht zu dieser sekundären oder gar tertiären Überformung zu kommen, die zwar spannend, aber vermutlich doch eine Art höherer Hokuspokus ist, weil sie in der therapeutischen Beziehung wie in der genetischen Rekonstruktion von den Quellen abgeschnitten ist. Obwohl diesen ganzen, sekundär (als nachträgliche Sinnge-

grenzung bei den konvulsivischen Formen. Mit der konvulsivischen Ebene ist gemeint, daß heftige organismische Bewegungen wie Zappeln, Krümmen, Schlagen, Treten, Schreien, d.h. kleinkindhafte Formen der Reiz- und Affektbewältigung zugelassen sind. Vgl. dazu auch Pesso, *Die Dramaturgie des Unbewußten*, Stuttgart 1986, und Orban, 1981.

bung) entstandenen Phantasien durchaus eine eigene, wenn auch noch genauer zu bestimmende Realität zukommt, ist ihre deutende Bearbeitung (quasi abgespalten von der Übertragung und, wie wir sehen werden, auch von der Gegenübertragung) doch eine Wiederholung der ursprünglichen Kokon-Beziehung zur Mutter in der Kokon-Beziehung der Analyse. Dies bedeutet allerdings nicht, daß sich nicht langsame Fortschritte in der Ichentwicklung vollziehen, auch wenn, wie sich nach vielen vorzeitigen und konfusen Deutungsversuchen herausstellt, eine wirkliche Arbeit am ödipalen Material, wie die Autorin schreibt, erst im siebten Jahr möglich wurde!

Doch kehren wir noch einmal zum emotionalen Klima in der Stunde im fünften Analysejahr vor den großen Ferien zurück (im fünften Jahr war Herr Z. abgestillt worden), in dem die Analytikerin für ein Seminar über Trennungsängste während der Stunde sehr viel mitschreibt. Der Patient reagiert auf die Trennung kalt und arrogant, berichtet von seiner Phantasie eines groß erigierten Penis, die die Analytikerin mit einer in der Therapie geläufigen Fellatio-Phantasie in Zusammenhang bringt. Jedenfalls versucht er, sich mit seiner Reaktion unabhängig und unverletzbar zu machen. (Die ganze Stunde wird übrigens viel verständlicher, wenn man den Penis als Selbstsymbol versteht, wie es der wiederholte Hinweis der Autorin auf eine archaische, nicht-genitale Kastration in anderen Kapiteln auch nahelegt. Das wird hier nicht erwähnt und führt vermutlich zu der permanenten Übersexualisierung in den späteren Deutungen.)

Und nun kommt die erste Deutung, von einer fachsprachlichen Kühle, wie man sie eher in einem Seminar erwarten würde: »Glauben Sie, daß eine Verbindung besteht zwischen unserer bevorstehenden Trennung und diesen erotischen Phantasien, die uns miteinander verbinden (welch delikater Hinweis! T. M.) – und vielleicht die Trennung leugnen.« Der Patient reagiert höhnisch auf die Intervention, die jede Empathie vermissen läßt; nach einer Pause wird in seiner Phantasie der Penis »ein bißchen bräunlich und unförmig ... erigiert sieht er aus wie eine Spitzhacke.« (386) In ihren Notizen während der Stunde verzeichnet McDougall kühl, daß der Patient die Deutung als »narzißtische Kränkung« aufgefaßt habe. (Stimmt ja auch, die autoerotische Position wird nicht gewürdigt, sondern nur als Reaktion auf die Trennung gedeutet.) Patient: »Ich sehe mich, wie ich Ihren Mund mit meinem Geschlecht angreife. Es hinterläßt einen schrecklichen braunen Flekken auf Ihren Brüsten. (Pause) Meine Arme zittern, als ginge eine elektrische Entladung durch sie hindurch.« (386) Die Autorin *notiert,* daß der Patient ihre *Worte* als Angriff empfunden habe. (Ich mutmaße, daß der Patient eine Mutter hatte, die ihn durch »Kommentieren« kontrolliert oder durchdrungen hat, spekulativ: mit einem oralen Penis, den jetzt die Analytikerin mit ihrer hohen Deute-Kunst hat; und Brustfütterung bis ins fünfte Jahr, bei gleichzeitigem körperlichen Berührungsverbot!)

Und nun kommt ein echtes Glanzlicht aus den Notizen: »Bemerkenswert ist, daß Paul nicht seine *Gefühle* beschreibt, sondern statt dessen seine körperlichen Empfindungen. Diese scheinen Rückstände eines Affekts zu sein, der entweder unterdrückt oder psychisch nicht repräsentiert ist.« Ich glaube nicht, daß es »Rückstände« sind, sondern organismische Vorboten oder präaffektive Innervationen, die aber zur Grundlage eines ersten klaren Affektes hätten werden können, sobald sie nur jemals ein antwortendes Objekt gefunden hätten. Das

Klima in der Analyse scheint nicht so zu sein, daß Worte-Machen dem Patienten effektiv lohnend erschiene (soweit er es kann), oder was würde geschehen, wenn er sagte: »Ich möchte Sie dringend umarmen«, selbst wenn er es nicht real tun würde? Es kann auch sein, daß er sie würgen möchte – das würde bei einem noch so kleinen (noch nicht einmal objekt-gerichteten) Handlungsversuch bald deutlich. Jeder Körpertherapeut wüßte nach der Aussage über die »elektrische Entladung«, daß in den Armen eine hohe, aktionsnahe energetische Aufladung sich vollzogen hat, eine konzentrierte Handlungsbereitschaft mit affektivem Ziel. Die noch nicht einmal direkt interaktionsanbietende Frage wäre: »Können Sie Ihre Arme (auf der Couch) einmal so bewegen, bis Sie spüren, was Sie tun möchten?« Nach meiner Vermutung würde es sich um eine Handlung »liebevoller Gewaltsamkeit« handeln, die den Wunsch nach Nähe wie Wut und Rache, Verschmelzung wie Umriß-Gewinnung am anderen Körper, plus Beruhigung über die drohende Überschwemmung enthielte. Es sind die Situationen, in denen ein Patient in ähnlicher Lage in einer Gruppe, wenn er gehalten wird, zugleich weint und lacht, schreit und wimmert, klammert und tritt, bis sich das Chaos der Gefühle beruhigen kann, wenn er das wichtigste, den antwortenden Halt, spürt, und die Angstfreiheit der Haltenden.

Was macht die Analytikerin? Sie läßt ihn assoziieren: »Fällt Ihnen etwas ein, das zu dieser Empfindung einer elektrischen Entladung in Ihren Armen paßt?« (387)

Der Patient weiß um die Unmöglichkeit im analytischen Setting, an seine Proto-Affekte heranzukommen, und reagiert gereizt auf die Wortbotschaft: »Sie könnten mir den Penis mit dem Mund zerreißen.« Da hat er recht, wenn wir annehmen, daß der Penis ein Symbol oder Ersatz des lebendigen Selbst ist.

Nun wundert sich die Analytikerin, warum der Patient nicht frei diesen Penis-kämpft-gegen-Mund-Phantasien folgen kann. Uns wundert es etwas weniger, denn erstens »schockiert ihn die Gewaltsamkeit«, und zwar mit einem gewissen Recht, denn die wirklich intendierte Botschaft ist vielleicht ein schlichtes »Halt endlich die Schnauze!«; d.h., er würde ihr gern das Maul stopfen, damit er endlich fühlen statt mythologisieren lernen kann; denn so etwas hat er sicher nie ausdrücken dürfen. Er will vielleicht auch im fünften Jahr endlich die Brustfütterung mit analytischer Trockenmilch beenden, um sein lebendiges Selbst zu entfalten. Er erschrickt aber, und schon hat ihn die Analytikerin in ihren Notizen bei einer Projektion erwischt: »Der Wunsch anzugreifen wird sofort auf die Analytikerin projiziert«, weil er sie als »kastrierend und gewalttätig« (Penis zerreißen, T. M.) erlebt. Warum das eine Projektion sein soll, ist unklar, vermutlich beschreibt er einfach sein Erleben der Analytikerin und die tieferliegenden Wiederholungen in der Analyse. Da das aber nicht erfreulich zu erfahren ist, versichert die Analytikerin noch einmal, wie trickreich der Patient verfährt: »Statt der Angreifer zu sein, ist Paul nun das Opfer und muß sich schützen.« (387) Da sie sich nicht entschuldigt hat für die erste kalte Deutung oder ihre Einsicht, daß sie als narzißtischer Angriff erlebt wurde, nicht empathisch formuliert, hat der Patient zwar die Attacke *erlebt*, aber sie ist nicht als solche anerkannt worden, sondern nebenbei erfolgt, wie aus dem Hinterhalt. Somit fühlt sich der Patient, was die Worte angeht, als der einzige Angreifer, trägt also die Alleinschuld, und aus einem interaktiven, aber unverstandenen Gemetzel ist man wieder bei der Einpersonen-Psychologie, wo *ein* Perverser zum nächsten »Kotangriff«

durchlädt. Diese stillschweigende Umdefinition der Vorgänge in Trieb-, Abwehr- und Projektionsdeutungen (ob sie nun ausgesprochen werden oder nicht) wiederholt gerade die mütterliche Überwältigung des Kleinkindes durch die Deute-Übermacht des Analytikers. Man kann das Abdriften in sekundäre, dazu noch künstlich ödipalisierte Phantasien geradezu verfolgen. Der Ausgangspunkt war ein mißverstandener, proto-affektiver Kommunikationsversuch. Auch die »Gewaltsamkeit« scheint mir sekundär induziert und durch die mißglückte Verständigung iatrogen erhöht. Die Mutter, die von der Analytikerin als verführerisch und frustrierend bezeichnet wird (401), lockt in der Wiederholung in wilde Phantasiebereiche (»dann müssen wir für sie träumen«), und die verführerische Mutter mit ihrer Vorliebe für sado-masochistisches Es-Material feiert hinter der Couch fröhliche Urständ. Da der Patient kaum Ich-Körper-Grenzen hat, verliert er sie in der Kokon-Situation natürlich auch ständig. Da er sich nirgends wirklich distanzieren und separieren kann und konnte (dafür hätte er einen empathisch reagierenden, interaktiven Körper gebraucht), wird die eindringende Analyse und die sich über die Jahre hinziehende Wiederholung oder Einpflanzung der überhitzten Phantasien wie ein permanenter Übergriff, aber die Reaktionen darauf deutet die Analytikerin (die sich heraushalten möchte, obwohl sie verstrickt ist) als Projektion. Da sie ihre deutenden Angriffe als solche nicht erkennt oder empathisch auffängt, er sie aber auch nicht *sehen* und damit beobachten kann, daß sie freundlich gesonnen und unbeschädigt bleibt, fürchtet er immer wieder ihr Schweigen. Das ist, wenn man sich in solche Zuschiebe-Clinchs verstrickt hat, verständlich. Winnicott empfiehlt dringend, in einer solchen Situation keine »strategischen« oder Motiv-

Deutungen zu geben, sondern die Stimmung anzusprechen. Der Deute-Stil in unserem Fall wird aber immer »strategischer«, das Objekt damit omnipotenter und bedrohlicher. Praktisch kämpfen innerhalb des Kokons zwei Subjekte ums Überleben, nur daß das eine, das mächtigere, nicht anerkennt, daß es in einen Kampf verstrickt ist. Erst an einer späteren Stelle kann die Analytikerin das indirekt zugeben.

Als der Patient in einer größeren Menschenmenge einer Panik nahe ist, wird ihm schwindlig. Auch hier, aus mangelnder Kenntnis der Körperreaktionen, die Umdeutung: »Der Affekt wird zu einer ›merkwürdigen Empfindung‹ und zum Schwindelgefühl.« Nein, der Affekt wird nicht zum Schwindel, sondern dieser ist die Notwehrreaktion des Körpers und hat nicht so sehr inhaltlich etwas mit dem Affekt oder dessen Umformung zu tun, sondern ist ein Bewältigungsversuch, eine Ventilreaktion. Das könnte Joyce McDougall darauf aufmerksam machen, daß der rudimentäre seelische Apparat die Affekte, nach denen sie immer forscht, nicht aufnehmen kann und sie in den Körper unterpflügt. Als er sich dann in der Stunde übergeben zu müssen meint, folgt wieder die (stille) Deutung des Magens als »somatische Metapher« und wird damit erneut in den Rang eines noch zu analysierenden Rätsels erhoben. »Der psychische Konflikt erscheint als Wunsch, sich zu übergeben.« (391) Daß das Kotzen ein »Wunsch« sei, ist eine kühne Behauptung; ich halte ihn für eine konvulsivische Notreaktion, weil der sich bildende Affekt keine Chance hat, aufgefangen zu werden.

Zum zweiten Mal erzählt der Patient, daß sein autoerotisches Rückzugsgebiet, der Selbst-Penis, »ganz braun und entsetzlich war. Er war mit Wunden übersät. Also war ich ohne jeden Schutz. ... Ich konnte nicht weiterdenken.« (390) Sie deutet es als »Erotisierung der Übertragung«, von der nichts zu spüren ist, während ich es für eine angemessene und verzweifelte Auskunft über den Zustand seines Selbst halte. Ganz entsprechend gibt er auch seinem Kotzen-Wollen den entsprechenden Inhalt: »Weil man selber nur ein Haufen Kotze zu sein glaubt.« (391) Man könnte es als eine Art Selbst-Abtreibungs-Reaktion bezeichnen. Dem widerspräche nicht, daß er auch das mütterliche Introjekt auf diese Weise loswerden will, das hinter ihm wieder auferstanden ist und ihn deutend in die Welt des Phantasie-Gemetzels führt. Vermutlich ist sein lebendiges Selbst auch von der Mutter abgetrieben worden. Von dem, was ihm *geschah*, ist aber nie die Rede, nur immer von dem, was er *tut*. Und da wird er zum »gierigen, oral-kastrierenden Säugling, der seine Objekte liebt, bis sie zerstört sind« (392). Der Säugling wird zur Bestie. Immerhin hat ihm die Mutter bis ins fünfte Jahr die Brust gegeben, sich aber nie berühren lassen. Daß die Oralität dadurch sexuell aufgeheizt war, scheint klar, aber es ist ebenso anzunehmen, daß die Brust auch Inbegriff des mütterlichen Übergriffes war, ohne daß sie als ganzes Objekt besetzbar war und ohne daß sie ihm ein Stück Individuation erlaubt hätte. (Der Vater wird als schwach bezeichnet, bot keine Hilfestellung bei der Triangulierung). Es scheint sogar, als hätte die Mutter überhaupt nur Teile von sich zur Besetzung angeboten.

Da die *Natur* aus der Analyse noch nicht hundertprozentig ausgetrieben ist, fällt es der Analytikerin auf, »daß mein Magen häufig rumort, wenn ich Patienten höre, die es am Magen haben!« Ihre Deutung von früher, als er sich über ein solches Rumoren beunruhigt zeigte: – »daß er sich durch das Rumoren meines Magens angegriffen fühlte« – »war als absurd zurückgewiesen worden« (392). Der Hinweis zeigt immerhin, daß ein psychosomatisches Mitschwingen stattfand und wahrgenommen wird; Z.s Reaktion darauf führt während der Stunde in eine artistische Deutungsnotiz über die Beunruhigung des Patienten damals: »daß er für das zerrissene und aufgegessene Innere der Frau verantwortlich gemacht werden könnte.« Es ist schwierig, sich ohne Kenntnis des Analyseverlaufs an inhaltliche Spekulationen zu wagen. Die Artistik der Deutung besteht für mich aber in folgendem: sie setzt die kannibalistischen Phantasien als affektiv real voraus; sie setzt voraus, daß der Verzehr des Inneren der Mutter affektiv real passiert ist und daß der Patient jetzt fürchtet, dafür bestraft zu werden. So avanciert der psychosomatische Patient zuletzt doch noch zu einem Hochleistungsneurotiker (wenn man nur die eigene Phantasie weit genug schweifen läßt) mit mehrstöckiger, elaborierter Symptomthematik und spannender Geschichte!

Am Rumoren könnte der Patient auch schlicht gemerkt haben, daß hinter ihm ein lebendiger Mensch sitzt, der seine eigenen Geräusche und nicht nur Sprechblasen produziert. Das ist in der Tat beunruhigend für jemanden, der im Zentrum eines spracherfüllten Kokons sitzt, aus dem es kein Entrinnen gibt. Statt einer lauten oder stillen brillanten Deutung wäre ja auch die Frage denkbar: »Wie ist das für Sie, wenn es in mir rumort? Ich habe auch eine Verdauung und Gefühle im Bauch.« Einige meiner Patienten hören andächtig zu, wenn es in mir rumort, andere fühlen sich abgelenkt und gestört, wieder andere lachen, weil sie merken, ich bin aus Fleisch und Blut, oder weil sie sich freuen, das Deuten endlich einmal umdrehen zu können.

Da es in dieser Stunde kein empathisches, sondern nur ein artistisches Mitgehen gegeben hat (verbunden mit unterirdischem Kampf einerseits ums Überleben des Patienten als Subjekt und ums Überleben des Therapeuten als Deutungsspender oder schreibender Theoretiker), wundert es nicht, daß es zu einer völligen Dissoziation des Dialogs kommt. Der Patient liegt auf der Couch, flüstert: »›Frankenstein, da hab' ichs schon wieder gesagt‹. ... und die Filme ... diese Faszination ... als wäre ich ... ja, ich bin verwirrt ... fühle mich entsetzlich ... falle auseinander.« Er scheint vom Ansturm der Affekte sehr bedroht – und was macht die Analytikerin? »Einige Minuten hindurch notiere ich nichts von dem, was er sagt, sondern schreibe statt dessen meine eigenen Gedanken über ihn nieder.« (392) Es folgt eine dreiviertel Druckseite kluge Reflexion, dann meldet sich der Patient, der hektisch Schwerverständliches redet, »plötzlich« wieder deutlicher zu Wort und spricht ein großes Wort gelassen aus: »Ich finde mich jetzt überhaupt nicht mehr zurecht. Und ich frage mich, ob Sie nicht ebenso durcheinander sind wie ich mit all diesen Gedanken.« Da die Analytikerin innerlich abwesend und mit der Produktion von Theorie beschäftigt war, kann sie in das rettende Angebot, ebenfalls verwirrt zu sein (das wäre das Ende ihrer Klugheit und Raum für den Patienten zur Neuorientierung; das Eingeständnis der Verwirrung kann so hilfreich sein), nicht einsteigen, sondern gibt wieder eine gewaltige strategische Deutung wie aus einem Lehrbuch über projektive Identifikation: »Vielleicht versuchen Sie, ihre Verwirrung loszuwerden, indem Sie in meinem Kopf Verwirrung anrichten?« Das ist ohnehin schon cool gesagt, dann folgt aber noch die ironische Nachfrage: »Ist mein Kopf jetzt ›in zwei Teile gespalten‹?« (eine Anspielung auf ein verwirrend-unerträgliches Gefühl, von dem er eingangs der Stunde sprach).

Der Mann ist platt und gibt ihr recht: »Ja, das ist wahrer, als Sie denken.« Er spricht aber auf einer ganz anderen Ebene weiter; daß er ihr nämlich durch Krankwerden Schuldgefühle machen wollte. Nun wieder eine unnachahmlich kühle Deutung, in der so viel Ironie der Macht mitschwingt: »Ich darf also nur in Ferien fahren, wenn ich an Sie denke. ... Meinen Sie, Ihre innere Angst loswerden zu können, wenn Sie sie mir zuschieben?« Wahrscheinlich ist sie wirklich froh, ihn und die anderen Patienten für ein paar Wochen los zu sein, das ist ihr Recht. Aber es müßte nicht so schnippisch und ohne Empathie kommen. Der Patient versteht die affektive Tönung auch genau und platzt: »Sie Hure!« Dann bekommt er sofort Schuldgefühl und entschuldigt sich. Da sie schweigt, bekommt er Angst: »Sagen Sie doch etwas! Ich habe Angst.« (394)

An dieser Stelle wird besonders deutlich, daß die aggressive Aufladung noch erhöht wird durch Schweigen oder den schmerzhaften Beschuß durch Deutungen, die den Patienten so wütend machen, daß er wirklich gehässig wird. Dadurch werden die um die Trennung zentrierten, scheu hochkommenden Affekte wieder überdeckt. Der Nachteil des Nicht-Sehens wird deutlich: mehrmals in dieser Stunde hat er kleine Angstanfälle der schweigenden Unsichtbaren gegenüber, für die er ja innerlich kein konsistentes Bild als gutes Objekt mitbringt. Seine schlimmen Befürchtungen können also nie auf »natürlichem« Weg, durch Beobachten, Augenkontakt korrigiert und ermäßigt werden, sondern weiten sich aus. Die Unsichtbarkeit verliert hier völlig den benignen Sinn bei konturierten Neurotikern, den Freud ihr geben wollte.

Nach seinem starken wütenden Ausbruch, der so viel lebendige Drastik enthält, zeigt die Analytikerin sich nicht im mindesten betroffen und anerkennt dies auch nicht, als er von seiner plötzlichen Angst nach dem Angriff spricht und von seinem Mut, indem sie etwa sagen würde: »Ich habe Ihre große Wut gespürt.«; sie bleibt vielmehr auf der Ebene der klugen Deutung und verwickelt ihn in Erkenntnisleistungen: »(Angst) Vor gefährlichen Worten? Vor Gedanken, die töten können?« Die affektive Kommunikation mißlingt von neuem, weil auf seine aufgebrachte »Unverschämtheit« keine emotionale Reaktion erfolgt. Unermüdlich geht der Patient aber einen Schritt weiter und spricht von seinen Würgephantasien, die er auch »beinahe eine Liebkosung nennt« (394).

Er ist jetzt (auf der Ebene der elaborierten Phantasie) bei perversen Handlungen, affektiv wohl am Ort des entgleisten Körper-Dialogs mit der Mutter, zu der ja immer die »liebevolle Gewaltsamkeit« gehört (die Anwesenheit eines haltgebenden Dritten immer vorausgesetzt), die die Integration der Triebe fördert wie Individuation und Separation. Die ganzen perversen Phantasien sind ja eine »Produktion in der Lücke«, das heißt, sie füllen den »Raum des Mißglückten« zwischen Mutter und Kind und mythologisieren ihn in negativer Weise. Wenn sich dann die Analyse, wie in unserem Fall, vorwiegend auf der Ebene dieser Phantasien bewegt, ist sie, wie bereits erwähnt, nicht mehr »geerdet«, sondern ontologisiert die Hilfskonstruktionen der Seele im Leerraum und perpetuiert sie, obwohl sie nur Ersatz sind für mißglückte Interaktion.

Statt emotional »angerührt« zu sein von den Phantasien oder sie in empathischer Weise an ihren genetischen Ort des entgleisten Handlungsdialogs mit der Mutter zu bringen, wendet sich die Analytikerin wieder ihren Notizen zu, schreibt über die »blühenden Phantasien von

Gewalttätigkeit« und macht gelehrte Kommentare darüber.

Der Patient läßt aber nicht locker, weil er immer noch hofft, die wirkliche Beziehungsebene thematisieren zu können. Er scheint in dieser Stunde vom Mut der Verzweiflung getragen, wie es häufiger vor längeren Pausen der Fall ist. Der neue Anlauf erfolgt auf der Ebene von Pubertät und Vorpubertät. Er berichtet, wie er häufig seinen »Penis strangulierte«. McDougall macht sofort Notizen von diesem ersten Geständnis und schreibt etwas Kluges über die Abwehr von Kastrationsangst auf, die Szene ist wieder bevölkert mit den Lehrbuchmonstern von Urszene, »der verschlingende und kastrierende Mund ... die strangulierende Vagina mit oralen und analen Qualitäten«, kurz, dem lustvollen Panoptikum der sexualisierten Phantasie; der Hals der Frau, den er würgen möchte, steht natürlich für den Penis, weil der Hals einer Mutter ja nicht einfach der Hals einer Mutter sein kann, durch den zuviel Gerede und sprachlicher Übergriff kommt!

Der Patient reagiert jetzt auch affektiv auf die schreibende Abwesenheit und sagt: »Sagen Sie doch etwas! Ehrlich gesagt, ich finde, Sie sind heute nicht gut auf mich zu sprechen.« (395) Der arme Kerl bezieht natürlich die inneren Abwesenheiten auf sich und bekommt Schuld- oder Verlassenheitsgefühle. Die Analytikerin aber reagiert wiederum nicht affektiv, sondern häkelt die nächste Deutungsmasche: »Die Hure mit dem strangulierenden Geschlecht.« Sie kommt von der Kollusion im perversen Doktorspiel nicht los.* Also startet der loyal hoffende Patient einen neuen Versuch; er muß

* Fritz Morgenthaler hätte vielleicht gesagt, sie bohrt in der Plombe statt im Zahn.

aber erst umschalten: da die Analytikerin sich nicht von dem spannenden Urszenenkram trennen will und der Patient mit seinem wiederholten Versuch, etwas über sein stranguliertes Selbst mitzuteilen, nicht vorankommt, muß er erneut die Bilderwelt wechseln in der Hoffnung, daß er sie von ihrem Lieblingsspielplatz weglocken kann. Aber er hat Pech. Noch bevor er sagen kann: »Das läßt mich an meinen Schrecken vor *Spinnen* denken.« (395), ist er bereits von ihren Notizen festgenagelt: »... ein klassisches Symbol für das gefährliche weibliche Genitale.« Er macht noch einen genialen Versuch, die Analytikerin darauf hinzuweisen, daß es Verständigungsprobleme gibt, als er berichtet, was eine Spinne im Büro unlängst bewirkte: »Ich war ganz starr vor Angst ... konnte kein Wort von dem verstehen, was meine Sekretärin sagte.« Die Sekretärin hinter ihm ist aber schon wieder in ihre Notizen vertieft und schreibt auf: »Der Geschlechtsverkehr wird in Pauls unbewußten Phantasien zu einer Art Duell ...« Immerhin vergegenwärtigt sie sich beim Schreiben aber auch, während Z. über die große Bedeutung von Spinnen in seinen Kinderspielen berichtet: »Es gibt keinerlei Anzeichen eines *symbolischen väterlichen Objekts* (in seiner Kindheit, T. M.), mit dem er sich identifizieren oder bei dem er Schutz suchen könnte.« (396) Dieses gibt es nun leider in dieser Analyse auch nicht, sonst wäre der Dialog nicht so qualvoll und müßte als Beweisstück ihrer psychosomatischen Theorie fungieren.

Der Patient hat, wie die Analytikerin beim Schreiben, den affektiven Faden verloren, deshalb fragt er plötzlich ratlos: »Wie bin ich denn eigentlich auf die Spinnen gekommen?« Sie hilft ihm auf die Sprünge, indem sie ihn an seine Angst vor ihr erinnert. Er: »Na, sowas! Meine Sexualität wird ja von Ihnen wirklich vollkommen verstümmelt.« Etwas kühn spekuliere ich: der Patient weiß inzwischen, daß er die Thematik seines verstümmelten Selbst nur in sexueller Einkleidung vorbringen kann, wobei der Beitrag seiner inszenierenden Wiederholung und der Beitrag der Analytikerin sicher nicht sauber zu trennen sind; aber auf dieser Ebene erhält er sowohl seine Sexualität als auch sein Selbst nur verstümmelt zurück.

Und in der Tat ahnt jetzt die Analytikerin wenigstens nachträglich, daß mit ihrer Wahrnehmung in der Gegenübertragung etwas nicht stimmte. Sie gesteht nämlich, daß sie die ganze Zeit »meine Identifizierung mit dem Penis-Verstümmler« übersehen habe, den ich aber den Verstümmler des lebendigen Selbst nennen würde, für das der malträtierte Penis der kümmerliche und erotisierte Ersatz ist. Sie hatte nämlich, da die Gegenübertragungsposition in einem solchen Stundenverlauf wirklich kein gemütlicher Ort ist, ihre »Aufmerksamkeit auf das erschreckende Fehlen eines inneren beschützenden Bildes des Vaters« gelenkt. Nun wäre es möglich gewesen, daß *sie* zu dem Idealbild durch empathisches Nachfragen oder eine einfühlende Identifikation hätte werden können (etwa: »Ich glaube, daß bei all diesen Verstrikkungen mit der Mutter ein starker, gelassener Vater für Sie, oder für beide, sehr hilfreich gewesen wäre«), aber dieser ideale Vater wird eben nicht durch ihre Einfühlung in das Grausen der Dyade präsent gemacht, sondern auf folgender Deutungs-Ebene: sie spricht von der Angst des Patienten, »einen *kastrierenden* Vater irgendwo im Innern der Frau zu finden« (396). Sie ist ihrem Theoriepenis im Kopf viel näher als dem Patienten.

Es folgt eine Druckseite weiterer Notizen über das »Spinnen-Genitale«, das, wie sie aus einem früheren Traum schließt, auch eine »strangulierende und beißende Schlange« verbergen könne. Inzwischen ist Paul Z. inmitten des Phantasiegetöses zu einer »verdichteten ödipalen Charakterstruktur« avanciert (397), obwohl sie ihn in der Einleitung des Kapitels als Beispiel einer »psychosomatischen Struktur« diskutieren wollte, und von dem sie sagte, man könne ihn auch als »Perversen, als Borderline-Psychotiker, als Charakterneurotiker oder als schweren Phobiker« bezeichnen. Sie beschenkt sein Bemühen, sich ihr verständlich zu machen, dann mit der Deutung, er scheine sich von ihr bedroht zu fühlen, »als würde ich einen verstümmelnden, schwarzen Schlangen-Penis verbergen«, der seinen eigenen angreifen würde. Sie gesteht, daß sie damit eine überraschende Änderung der Ebene von dem »Gebiet des mit oralem und analem Sadismus ausgestatteten weiblichen Genitales« (sie nennt den Schritt selbst »abrupt«) hin zum Gebiet eines »feminin-phallischen Bildes, das er in keiner Weise zu akzeptieren bereit war« (397), vorgenommen hat. Sie hat einfach aus einem anderen Magazin mit anderer Munition weiter geballert.

Im Bewußtsein, hiermit die Grenzen der Höflichkeit zu überschreiten, bezeichne ich ihren letzten Satz als eine korrekte Beschreibung nicht der einseitigen Phantasien des Patienten, sondern des Grundmusters des Stundenverlaufs. Im Kopf der Analytikerin scheint in der Tat ein Stück versteinerte Theorie wie ein allwissender Deutungsapparat zu sitzen, möglicherweise eine künstlich gehärtete kleine Freud-Mumie, die jenseits aller Einfühlung im verbalen Brutkasten der sekundären Phantasien stochert, mit denen beim Patienten die Kluft zwischen dem rudimentären psycho-physischen Selbst und der angeblichen »ödipalen Struktur« überbrückt wird.

Der Patient sagt beherzt: »Ich weiß nicht, wovon Sie

reden«. (Widerstand! Widerstand!) »Ein Penis in Ihrem Inneren? Wie denn das? Oh, ich kann mir Sie leicht mit einem Penis vorstellen – doch das *erschreckt* mich nicht.« (397) Er macht also einen neuen Versuch, sie von dieser aufgeheizten Ebene wegzuholen, denn die Vorstellung, sie hätte einen wirklichen Penis, erscheint ihm harmlos im Vergleich zu dem, was ihn bedrängt. »Ein Penis dringt ein, sagt er, aber ich habe Angst davor, *stranguliert* zu werden!« Doch er bekommt Angst vor seiner Widerspruchs-Kühnheit und gibt eine Ergebenheitsadresse ab: »Sie haben mir sehr geholfen, dies zu sehen, und ich stimme mit allem überein, was Sie bisher gesagt haben« (wie ich das kenne, die Theorie des Analytikers zu heilen, damit man ihm nahebleibt!); doch nach der Loyalitätserklärung regt sich wieder der Widerspruch: »doch diese Idee mit dem Penis ergibt für mich keinen Sinn.« (397)

Die Analytikerin zeigt, zum ersten Mal in dieser Theorie-getränkten Stunde (die wohlgemerkt eine Abschiedsstunde ist!), Wirkung. Sie notiert: »Daß Paul sich rundheraus weigerte, meine zu einem falschen Zeitpunkt vorgebrachte Deutung zu akzeptieren, stimmte mich nachdenklich.« (398) Natürlich war nur der *Zeitpunkt* falsch, nicht die Deutung oder gar der Deutungsbeschuß mit diesen Granaten beim Abschied! Dann kommt wieder eine Seite Notizen mit entsprechender emotionaler Trennung vom Patienten, bei der sie wenigstens realisiert, daß es »nicht primär um seinen Penis und sein sexuelles Begehren, sondern um seine gesamte Identität, um sein Leben ging« (398). Dann gesteht sie ihre gewalttätigen Steuerungsbedürfnisse mit dem mehrfachen Kurswechsel in dieser Stunde ein: »Ich wollte um jeden Preis die Dimension des Vaters zur Geltung bringen. Daher substituierte ich *die mit einem Penis ausgestattete*

Mutter für die allmächtige phallische Mutter, die kleine Frankensteins verstümmelte und verschlang.« (398)

Die Deutung, die der Patient in einem früheren Stadium dieser Konfusion erhielt, war aber die, er wolle mit seiner Verwirrung die Analytikerin verwirren. Der Schurke! Wohl dem, der die Macht hat, die Wirklichkeit zu definieren! In einer Fußnote erklärt sie einen Teil von des Rätsels Lösung: erst zwei Jahre später »konnten wir Pauls ödipale Kastrationsangst mit ihren Anteilen von homosexuellen Phantasien und Ängsten analysieren«. Der Gewalt-Akt dieses Abschieds-Stunden-Höllen-Doktorspiels war also ziemlich überflüssig.

Der Analytikerin wird zum Schluß sogar noch deutlich, daß die »voreilige Deutung ... also offensichtlich auf *meine eigene Angst* in dieser zweidimensionalen Beziehung zurückging« (398). Sie gibt zu: »Seine Assoziationen bewegten sich im Kreis, als er versuchte, sich auf meine Deutung einzulassen.« (398) Dem möchte ich widersprechen: der Patient ist sehr zielstrebig geblieben, obwohl die Loyalität ihn zu enormen Zugeständnissen trieb.

Mit einer gewissen Größe (oder ist es eine Selbstverständlichkeit?) sagte sie ihm, daß auch sie die Deutung (nur die eine!) für verfehlt hielt, und prompt kommt Schwung in die Stunde: »Daß ich mit meiner Deutung ›in die Irre gegangen‹ war, entzückte Paul ...« Mit Recht! Denn auf einmal kann er, ganz neu, von Spinnen-Insekten-Interaktionen berichten, die seine ganze Kindheit durchzogen, eines der typischen Abschiedsgeschenke an Material vor längeren Trennungen. Daß er plötzlich und unbeschadet so frei weiterredet, führe ich auf folgende »Erleichterung« zurück, die uns gleichzeitig etwas sagt über *sein* Erleben der Spinne und ihres Berufs. Mir scheint, er war nicht von einem gefährlichen

Penis bedroht (der kann inzwischen nach dem Irrflug an seinen Wohnort im Kopf der Analytikerin zurückkehren), sondern wirklich vom Netz (der Mutter) der deutenden Analytikerin, das ihn strangulierend umgab. Mit dem Eingeständnis des »Irrtums« sind endlich einige Fäden gerissen, und er wittert Bewegungsraum. Dies ist eine der schönsten Episoden, die ich kenne, in der der Verzicht auf die theoretische oder deutende Potenz der Analyse wieder Spielraum und Hoffnung zuführt.

Der Patient kann jetzt in unglaublicher Präzision die entsetzliche Kokon-Situation mit der Mutter anhand seines symbolischen Bewältigungsversuches schildern: »Ich steckte einmal eine Spinne und einen Ohrwurm in ein Spinnennetz. Sie kämpften, bis sie schließlich beide tot waren. Es war abscheulich zuzusehen. Ich hatte Spaß daran, Spinnen zu beobachten, die Fliegen mit silbernen Fäden strangulierten. Sie müssen wissen, daß sie schrecklich aggressiv und giftig sind.« (399) Jetzt ist er auf der Ebene des strangulierten Selbst; doch mutet es tragisch an, wie tief er mit dem Aggressor identifiziert war. Geradezu rührend ist die neue Zutraulichkeit, mit der er die »gerettete« Analytikerin wieder einbezieht: »Sie müssen wissen, daß sie schrecklich aggressiv und giftig sind«, im Ton eines gönnerhaft belehrenden Kindes, das dem Erwachsenen alles verzeiht, wenn er nur wieder mit offenem Ohr zuhört.

Aber so leicht verabschiedet sich unsere Ur-Szenen-Künstlerin nicht von ihrem schönen Spiel, denn auch beim Einspinnen, Vergiften, Strangulieren handelt es sich, wie sie gleich ins Notizbuch einträgt, natürlich um eine »stets wiederholte insektenhafte Urszene«, und schon hat sie die »Vernichtungsangst« ihrer letzten Eintragung vergessen und ist wieder bei der »ungeheuren Sexualangst«. Sicherlich kann man die Todeskämpfe von

Spinnen und Ohrwürmern oder das Einspinnen von Fliegen durch Spinnen in »silbrigen« Gift-Fäden als Kind auch sexualisieren, aber den Patienten immer wieder auf diese sekundäre Ebene zurückzuzerren, obwohl man es diagnostisch verstanden und in vielen Kapiteln betont hat, gleicht doch einer narzißtischen Aneignung an die Theorie.

Es folgt eine nicht sehr klare Sequenz über seine Nesselsucht an den Genitalien, wenn Paul von seiner *Frau* zurückgewiesen wird; dann kann er, auf ihre Frage, was ihm dazu einfalle, zu seiner »globalen« frühen Identifizierung vordringen: »Sie erinnert mich an meine Mutter, die einen schrecklichen Hautausschlag hatte. ... Ich mußte mich schon kratzen, wenn ich sie nur sah.« (400) Ohne emotionale Reaktion wendet die Analytikerin sich wieder ihren Notizen zu und gibt sich triebtheoretischen Aufzeichnungen hin; auch der Hautausschlag wird wie ein neurotisches Symptom (still) gedeutet: (»als würde Pauls Haut wütend«); dann verschwindet auch die globale, die Haut einschließende Identifikation mit der Mutter in der triebtheoretischen Einpersonenpsychologie: »Jetzt scheint er die regressive Phantasie auszuleben, in ihrer Haut zu stecken (ein Verlangen, mit ihr zu verschmelzen? Trennungen ungeschehen zu machen?)« (als ob er getrennt wäre, als ob die globale Identifikation nicht ein mitgeschlepptes Gefängnis wäre, T. M.), und wen wundert's, die Theorie ist gerettet: »und dafür (mit Hautausschlag? einer Kastrationsphantasie auf der eigenen Haut?) bestraft zu werden.« (400): also doch eine hochelaborierte Konversionsneurose mit spannender Symptomgeschichte! Dabei betont McDougall auf der letzten Seite des Kapitels ausdrücklich noch einmal, Pauls Krankheit bestehe in einer »tiefgreifenden Spaltung zwischen Seele und Körper, zwischen seinem

Denken und seinem Gefühlsleben ...« (401), und: »Der Körper wurde sozusagen alleingelassen, um mit seelischen Gefahren fertig zu werden, die psychisch nicht repräsentiert werden konnten.« (401) Das Schwanken zwischen einer ödipalisierenden Enträtselung der Symptome und der Betrachtung des Körpers als eines nicht mit der Neurosenpsychologie aufzuschlüsselnden Mülleimers für abgewiesene Proto-Affekte, die dort nach ganz anderen Gesetzen ihr Eigenleben führen, bleibt bis zum Schluß bestehen.

Schließlich macht Paul noch einen letzten Versuch der Zurückweisung der triebtheoretischen Deutung eines sexualisierten Annäherungswunsches. (So wie die Mutter ihn erotisiert hat: »Er erinnert sich an zahlreiche erotische Spiele mit ihr aus seiner Latenzzeit« (400), so erotisiert ihn die Analytikerin mit ihren Deutungen, während sich das Kind und das Kind im Patienten doch nach einer nicht mißbrauchenden Interaktion sehnt.) Er muß drastisch werden, als sie fragt: »Sie versetzen sich also in die Haut Ihrer Mutter?« und sagt: »Verdammt noch mal! Meine Mutter zu werden ist keine Lösung! (Er weist die erotisierte Deutung zurück und betont die elementarere Gefahr.) Außerdem ist diese Vorstellung entsetzlich. Daß ich sie sexuell begehre, stört mich nicht. ... Was an mir nagt, ist die Vorstellung, in ihrer Haut zu stecken. Das ist mir durch und durch unheimlich.« (401) Aus diesem entsetzlichen Kokon will er verzweifelt aussteigen, selbst wenn die vielleicht suchtartig besetzten erotischen Gratifikationen es erschweren. Die Analytikerin, die das Spinnenbild nicht auf der Ebene einer das kindliche Selbst umgarnenden Figur aufgenommen hat und also die psychische Aktivität der Mutter, mindestens in dieser Stunde, gänzlich außer Betracht läßt, und folglich auch die Wirkung ihrer

Deutungsaktivität, schiebt ihm immer wieder den *Triebwunsch* zu, »das primitive Verlangen mit der Mutter eins zu werden«. Wo bleiben dabei eigentlich Mahlers Impulse zur Separation und Individuation? Kommen sie nicht vor, weil sie triebtheoretisch nicht ableitbar sind? Warum war das eingangs eingebrachte Bild des erigierten Penis nur wieder ein Verführungsversuch und nicht ein Wunschschritt zu Verselbständigung durch den Aufbau einer autoerotischen Domäne der Autonomie? Der Penis schrumpft bereits nach der ersten Deutung in der Stunde und wird häßlich und fleckig, weil die Mutteranalytikerin ihn sofort mit auf sie bezogenen sexualisierten Deutungen umspinnt.

Zum Schluß der Stunde kommentiert sie das Kreiselspiel der Phantasien, aber natürlich nur als vom Patienten ausgehend: »Doch die Verwechslung von Subjekt und Objekt, die zum Teil auf die besondere Art der Beziehung Pauls zu seiner Mutter und die sich daraus ergebende ödipale Verfassung zurückzuführen sind, konnten nur zu Verschiebungen, Verdichtungen, Projektionen und Gegenprojektionen in einer unendlichen Reihe führen: der Körper der Mutter – der Inhalt des Abgrunds – ihre Haut – der Penis/Hals, der stranguliert wird – die Menge/Frau – die Spinne.« (401) Daß sie damit die Struktur der Beziehung, die schreckliche analytische Dyade mit zwei im Netz zappelnden Subjekten schildert, entgeht ihr. Die Mesalliance ist, mindestens in dieser Stunde, perfekt. Über ihre Gefühle in dieser aufwühlenden Stunde berichtet Joyce McDougall nichts, wirft aber dem Patienten vor, *er* könne nicht fühlen. Aber wo sie schon nicht für ihn fühlen konnte, so hat sie doch, im Sinne des Eingangsprogramms, für ihn »phantasiert und geträumt«.

Über die Atmosphäre des Abschieds erfahren wir

nichts. »Für heute ist unsere Zeit um« – worauf der Patient mit einer kleinen Ergebenheitsrede schließt: »Gut, ich wollte nur noch sagen, daß ich allmählich sehe (nach fünf Jahren Analyse! T. M.), daß etwas in meinen Beziehungen zu Frauen nicht stimmt. Nadine, Sie, meine Mutter – ich werde während der Ferien genug Zeit haben, darüber nachzudenken!« Ein Musterschüler, der sich an seine Schularbeiten macht, ohne ein Stück Ermutigung für das Wachstum seines Selbst mitnehmen zu können.

Zum Schluß noch einmal einige Thesen: das Kapitel X in McDougalls Buch ist, je mehr man sich hineinvertieft, um so qualvoller zu lesen. Es exemplifiziert den Verdacht, daß Psychoanalyse, wenn sie in dogmatische behandlungstechnische Erstarrung übergeht und sich dabei gleichzeitig neue Hochleistungsziele setzt, zu manieristischer Artistik wird. Der Ehrgeiz, mit dem Silberbesteck hochelaborierter Deutungen »psychosomatische Strukturen« auch dort noch heilen zu wollen, wo man diesen Strukturen doch immer wieder bestätigt, daß sie nur durch die »Kluft« zwischen Körper und Affekt überlebt haben, führt zu affektiven Störungen auch auf der Seite des Therapeuten und daran anknüpfend zu immer neuen iatrogenen Kommunikationsstörungen und neuer Deutungsartistik. Wenn man den Patienten im Rahmen der Ein-Personen-Psychologie dabei weiter beobachtet und diagnostiziert wie ein gefährliches Insekt, während der Therapeut sich zum Selbstschutz längst aus der affektiven Kommunikation ausgegliedert hat, wie es die Notizenstunde nur in ungewöhnlicher Form verdichtet, wird das Ganze zu einer schmerzlichen Karikatur.

KAPITEL 4

Der Psychoanalytiker als sprechende Attrappe
Über Kapitel VII, »Gegenübertragung und primitive Kommunikation«

Das achte Kapitel von Joyce McDougalls Buch ist von bewundernswerter Klarheit, Einfühlsamkeit und Aufrichtigkeit. Es schildert nicht nur die Leiden der Patienten, sondern auch die des Analytikers, der sich den Auswirkungen solcher »psychosomatisch« strukturierter Patienten hinter der Couch mit den herkömmlichen Mitteln der Psychoanalyse aussetzt. Es zeigt den Weg auf, den die Autorin bis zur Entdeckung der projektiven Identifikation gegangen ist, und wie sich ihr Unbewußtes allmählich von der »frei flottierenden Theoretisierung« bei der Behandlung der Neurotiker wegbewegt hat zu der schmerzlichen Einsicht, daß der Therapeut für diese Patienten fühlen muß, bevor sie selbst wieder fühlen können. Neben der Bewunderung, nicht zuletzt über ihre Aufrichtigkeit, hält sich aber auch ein permanentes, verwundertes Kopfschütteln beim Lesen, weil sich die Sackgasse der klassischen Position allzu deutlich abzeichnet und weil die Autorin, obwohl die Schwelle zur praxisverändernden Erkenntnis zum Greifen oder zum Überschreiten nahe ist, im Gitterkäfig einer rigiden und lähmenden psychoanalytischen Moral befangen bleibt.

Befreiend für ihr Denken erweist sich zunächst einmal, daß sie sich, wenn auch etwas gewunden, zumindest für diese Patienten von der klassischen Triebtheorie trennt, die, nach Freuds Zurückzucken von der Elternverdächtigung, die sexuellen Übergriffe in die wildgewordene Phantasie der Patienten zurückverlegte: »Seit Freuds Entdeckung, daß die traumatischen Verführungen seiner hysterischen Patientinnen sich als Phantasien erwiesen, die auf frühkindliche Sexualwünsche zurückgingen, hat sich die Psychoanalyse sehr gehütet, Phantasien mit Wirklichkeit zu verwechseln. Dennoch gibt es zahlreiche ›wirklich eingetretene‹ Ereignisse, die traumatische Spuren bei unseren Patienten hinterlassen haben – etwa der frühe Tod des Vaters, eine psychotisch gewordene Mutter oder eine durch Krankheit beeinträchtigte Kindheit.« (241) Das Realtrauma erscheint also noch in äußerst konkreter Form, es ist sozusagen noch nicht in Charakterstruktur und Verhaltensweisen der frühen Bezugspersonen verlegt, sondern in ihren akuten Verlust oder Ausfall. Wir werden dazu sehen, daß die Autorin auch in diesem Kapitel das kleine Kind sehr früh zum aktiven Gestalter seines frühen Milieus erklärt. Im Gegensatz zu dem von John Klauber so unnachahmlich diagnostizierten »mother-hunting« einer das Kind ausschließlich als Opfer sehenden Psychoanalyse, wie sie neuerdings besonders Alice Miller im Gegenzug zur das Kind beschuldigenden Triebtheorie vertritt, wird hier das Kind wieder zum Eltern-, Kultur- und Therapeuten-gefährdenden gierigen, destruktiven, unersättlichen Säugling, dessen raffinierten Machenschaften die Welt kaum gewachsen ist. Der Psychoanalytiker wird in dieser Version leicht zum einsam ausharrenden Heroen, der die Finsternis im Patienten ohne äußere Regung in sich aufnimmt, verarbeitet und geläutert zurückgibt. Er ist quasi eine verbunkerte Wiederaufbereitungsanlage, der die beschädigten Interaktionsformen im Patienten in sein Inneres verlagern läßt, sie dort unter eigener Lebens- oder zumindest Identitätsgefahr repariert und zur

Neuverwendung zurückgibt.

In ihrer durch ein rigides Setting stabilisierten und ideologisch abgestützten Leidensbereitschaft macht die Autorin hinsichtlich der rudimentären Kommunikationsform der Patientin hervorragende Entdeckungen, die ein bleibendes Verdienst sein dürften. Nachdem sie einigen zum Teil redegewandten Patienten über einige Jahre in der Annahme zugehört hatte, die sprachlich übermittelten Inhalte seien der Gegenstand der analytischen Bemühungen, erlebte sie nicht nur die Stagnation der Analyse, sondern an den affektiven Auswirkungen in ihrem Inneren auch die verwunderliche und schmerzhafte Tatsache, daß die Sprache, weit abseits ihrer inhaltlichen Bedeutung, als »Handlung« benutzt wurde, abgesehen von dem Reichtum anderer präverbaler, aber nicht minder intensiver Versuche von Mitteilung und Einflußnahme. In der Sprache der negativen Diagnostik waren sie bekannt unter Begriffen wie Manipulation und Kontrolle, die auch McDougall nicht vermeidet. Das Elend des Versagens der Sprache bei beiden Beteiligten des analytischen Prozesses schildert sie mit eindrucksvollen Worten, um schließlich ebenso eindrucksvoll die Interaktionsformen des Kleinkindes zu eruieren: »In den ersten Lebensjahren kommuniziert das Kind mit Hilfe von Zeichen, vor allem von Schreien und Gebärden, statt durch die Sprache. Und es kann in der Tat nur insofern davon die Rede sein, daß es vermittels dieser Zeichen *kommuniziert,* als sie von einem Anderen verstanden werden, der sie als Mitteilungen behandelt. Unter diesem Gesichtspunkt ist *die früheste Wirklichkeit eines Säuglings das Unbewußte der Mutter.* Die Spuren dieser frühen Beziehung sind nicht im Vorbewußten eingeschrieben wie jene Elemente, die zu einem Teil der Kette sprachlicher Symbolisierungen geworden sind.« (245)

Der letzte Satz klärt eine Menge. Es gibt also *Engramme* der sprachlich vermittelten Symbolisierungen, und sie sind die Domäne der Psychoanalyse.* Der Ort ihres ersten Erscheinens ist das Vorbewußte. Der Reichtum der Körperengramme, die nicht die Stufe der Symbolisierung erreicht haben, geht also der Psychoanalyse verloren. Die Mauer, hinter die niemand sehen oder hören kann, ist die »Urverdrängung«, was in diesem Zusammenhang nichts anderes heißt als der nichtsprachliche Raum der Körper- und Interaktionsengramme. Deren ganz andere Sprache beschreibt McDougall genau, ohne ihnen je den Rang analyserelevanten »Materials« zukommen zu lassen.

Die These über das Unbewußte der Mutter als frühester Wirklichkeit des Säuglings zeigt aber auch, daß die Trauma-Theorie, wenn nicht explizit, so doch durch diese Hintertür voll akzeptiert ist, denn wenn das Unbewußte der Mutter destruktive oder andere das kindliche Selbst schädigende Tendenzen enthält, dann ist der Säugling ihnen zunächst einmal hilflos ausgeliefert, bis er lernt, sich auf sie einzustellen oder ihnen mit eigenen Manövern zu begegnen.

Dem Bereich des symbolisierbaren Vorbewußten entspricht, um es zu wiederholen, eine riesige Domäne der Körperengramme mit einer Fülle dazugehörender Interaktions- und Signalformen, die von der Psychoanalyse nicht aufgegriffen werden. Alles, was sie in diesem Bereich tun kann, ist, oft unter unglaublichen Opfern an Zeit und Mühe, die Fähigkeit zur Versprachlichung zu steigern, und insofern ist sie auf diesem Feld eine vorwiegend pädagogische Veranstaltung: sie bietet den Sprachlosen eine Art Sonderschule oder Vorschule an,

* Vgl. hierzu besonders Orban, 1981.

bis die Patienten auf das Niveau des Übergangs zur Oberschule der Sprachspiele aus der Neurotikerbehandlung gefördert sind. Bis dahin gelten sie aber als »Minderbemittelte«, die den Studienräten der grammatikalischen Oberstufe außergewöhnliche Mühen machen.

Der Hinweis auf die Körpersprache ist bei McDougall fast omnipräsent: »Bemerkenswert ist, daß auf dieser vorsymbolischen Stufe seelisches Leiden von körperlichem Leiden nicht zu unterscheiden ist.« (245) Der Autorin ist auch klar, daß das Lernen der grundlegenden Affekte dem Spracherwerb vorausgeht und aus der bedeutungs-gebenden Interaktion mit der laut- und körpersprachlich reagierenden Mutter erwächst. Sie weiß also ebenfalls, daß die von ihr angesprochenen Störungen durch einen »Zusammenbruch der Kommunikation mit der Mutter im Säuglingsalter gekennzeichnet sind« (246). Dieser präverbale Zusammenbruch soll aber, koste es, was es wolle, ausschließlich mit den Heilmitteln aus dem verbalen Bereich repariert werden. Die häufige Folge: »Hört ein Analytiker ihnen zu, so kann er den Eindruck haben, es handle sich um eine auf allen Ebenen bedeutungslose Kommunikation. Oder er bemerkt, daß er von Affekten überschwemmt wird, die mit dem Inhalt der Kommunikation des Patienten direkt nichts zu tun zu haben scheinen.« (247) Der Grund: die Sprache ist nicht Sprache, sondern »Symptom*handlung*«, ja gar »Anti-Kommunikation« (248). Den Schluß, daß auch das deutende Sprachverhalten des unsichtbaren Analytikers Anti-Kommunikation sein könnte, zieht sie nicht, auch wenn das Kapitel mit der schmerzlichen Klarheit endet, daß diese Patienten in der Regel nicht über die Sprache erreichbar sind. Fast einfühlend wiederholt sie, daß die Patienten »sich durch die Strenge der analytischen Regeln frustriert« fühlen. (250)

Sie spürt, daß die Patienten den Analytiker dazu bringen möchten, »daß er etwas *tut*« – oder etwas spürt (das Lebensgrundrecht jedes Säuglings an die Mutter, besonders, wenn er in höchster Not ist, T. M.). Der Psychoanalytiker hat aber nichts zu bieten in dieser Not außer unsichtbare Präsenz (die als solche oft nicht mehr wahrgenommen werden kann), Deutungen und einfühlsame Wörter, und selbst die ist er in Gefahr zu verweigern, wenn der Patient Druck macht und sagt: »Wie soll ich denn wissen, daß überhaupt jemand da ist, wenn Sie nichts sagen?« (250) Diesem Drängen nach Handeln des Therapeuten wird nun aber noch einmal die volle Wucht der Definition von Psychoanalyse entgegengestellt: »Die ›Grundregel‹ beruht darauf, daß Gedanken und Gefühle sprachlich ausgedrückt werden. ... Die Aufforderung ›alles zu sagen‹ (zusammen mit der ihr unterstellten gegenteiligen Aufforderung, ›nichts zu tun‹) ...« (268), wobei das Handeln des Therapeuten natürlich einem noch weit strengeren Verdikt unterliegt und ihn, wie weiter oben beschrieben, bereits bei angebotenem Augenkontakt zu einem »Anti-Analytiker« machen könnte.

Doch folgen wir noch einmal der Autorin bei der Beschreibung der Kommunikationsangebote der verzweifelten Patienten: »Statt etwas zu sagen, kann die verbale Kommunikation in die Nähe von Geschrei, Ausrufen, Weinen oder Knurren rücken.« (269) Doch das wird wohl rasch unterbunden. »Die Strenge des analytischen Verfahrens hebt derartige Unterschiede besonders hervor.« (269) Aber: »Der arme Analytiker ist, wann immer er zu deuten versucht, blockiert ... (das Deuten muß etwas Süchtiges haben, T. M.) ... Er erhält in der Tat *primitive Mitteilungen* in eben der Weise, in der ein Säugling durch heftige Körperbewegungen oder Schreien etwas mitteilt.« (251) Wer sich darauf einläßt, ist selber schuld, aber jedenfalls kein Analytiker mehr.

Die Patientin Annabelle, über die Joyce McDougall ausführlicher schreibt und bei der sie auch in langen Jahren etwas erreichen konnte, hatte folgende Vorgeschichte: sie hatte ihre erste Analyse nach drei Jahren abgebrochen, weil die Analytikerin schwanger wurde, was sie nicht ertragen konnte (die Analytikerin scheint aufatmend zugestimmt zu haben). Fünf weitere Jahre Analyse bei einem Mann ermöglichten ihr zu heiraten, aber sie war an Sexualität nicht interessiert. Nach einer Pause machte sie drei weitere Jahre Analyse bei einem dritten Analytiker, bis dieser ihr erklärte, sie sei »nicht analysierbar«. Dieser Kollege teilte der Autorin seine Diagnose mit, verbunden mit dem »Hinweis auf die Möglichkeit einer anderen Form von Therapie« (252). Dies ist der einzige Hinweis in dem ganzen Buch, daß es »andere Formen« von Therapie überhaupt gibt. Aber die Patientin war bereits analysesüchtig, und der Kollege hatte wohl nicht mit dem Ehrgeiz der Autorin gerechnet (der die Jahre nicht zählt), im Käfig der Grundregel doch noch etwas auszurichten, was unter unsäglichen Leiden beider Seiten schließlich auch gelang. Das erste Jahr war fürchterlich, denn es wurde jetzt (insgesamt im zehnten Jahr analytischer Behandlung) mit den besseren Deutungen und dem besseren Schweigen versucht. Doch: »Mein Schweigen und meine Deutungen brachten sie zur Verzweiflung.« (253) »Als ich ihr eines Tages sagte, daß sie mich als eine verhängnisvolle und schreckliche Mutter betrachtete, die ihrem Kind weder zu einem Verständnis des Lebens verhelfen wollte noch konnte (eine angemessene Beschreibung der Wirkung des zehnten Analysejahres, T. M.), antwortete sie, ich sei genau wie einer von Harlowes Stoffaffen. Sie bezog sich dabei auf Harlowes berühmte Experimente mit kleinen Rhesusaffen, die ersatzweise mit einem Muttertier aus Stoff großgezogen worden waren.« (254), also mit einer täuschenden Attrappe ohne animalische Interaktion, analog dem unsichtbaren Analytiker, dessen abwesender Körper mit Deutungsstoff überspannt ist. Mit groteskem Humor enthüllt McDougall nun auch das Geheimnis der süchtigen Bindung an die Analyse: die Patientin »hatte kurz zuvor über die Experimente von Konrad Lorenz mit Enten gelesen, die während der ersten Lebenstage ihre Mutter verloren hatten. Zeigte man ihnen einen alten Stiefel, so folgten sie ihm ebenso bereitwillig und erwiesen diesem grotesken Mutterersatz gegenüber dieselbe Anhänglichkeit, die sie gegenüber ihrer wirklichen Mutter gezeigt haben würden. Ich war also ein alter Stiefel – und sie war vermutlich die kleine verlassene Ente.« (254) Die Analytikerin ist auf der richtigen Spur und gibt die Deutung, Annabelle warte wohl darauf, »daß ich für sie zu einer *wirklichen* Mutter werde« (die Deutung enthält natürlich automatisch die Absage an solche absurden Wünsche). Da sagt die Patientin so realistisch wie verbittert: »Ganz und gar nicht! Ich habe nie von irgend jemandem etwas erwartet. Aber Sie sind schlimmer als Nichts!« (254)

Obwohl es den Gang der Darstellung unterbricht, möchte ich einfügen, warum und in welchem Ausmaß dieser letzte Satz mir korrekt und angemessen erscheint: das Leben der Patientin ist ohne Analyse zweifellos leer und tot; aber während der Analyse steigert sich das Elend und wird zu einer erschöpfenden Dauerspannung zwischen Hoffnung und Verzweiflung. Denn die fast tägliche Begegnung mit der deutenden Mutterattrappe hält sie auf eben dieser Schwelle zwischen dem altbekannten inneren Tot-Sein und einer unwirklichen Veränderung. Dies löst natürlich auch dauernd immensen Groll aus, der aus den Tantalus-Qualen herrührt. Die Analytikerin hofft dabei natürlich nichtsahnend, »daß wir eines Tages wirklich das Objekt ihrer ungeheuren Wut und Frustration entdecken würden« (255). Dabei sitzt es seit genau einem Jahr in der guten Stube, läßt sich ebenso quälen durch Anklagen, bis zu dieser Stunde, nach der sich die Verzweiflung der Analytikerin so vertieft, daß sie endgültig eine negative Bilanz ziehen will und zu schreiben beginnt. »Ich betrachtete dies als einen letzten Versuch, mir mehr Klarheit über ihre unfaßbare psychische Welt zu machen.« (255) Sie beschließt, die Analyse zu beenden, weil nun auch ihr Leidens-Container übervoll ist, vermehrt um das Leid der Vergeblichkeit so langen Leidens. Da die Patientin überraschenderweise guter Dinge ist in der nächsten Stunde, gibt die Analytikerin die Deutung über die Verlagerung von Annabelles Gefühlen in *ihre* Person, und in der entspannten Situation, die auf die extreme Anklage folgt, kann die Patientin das auch aufnehmen und sagt: »Merkwürdig, ich glaube, Sie haben recht. Ich habe oft gedacht, daß ich Sie gern weinen sehen würde.« (258)*

* Als ich einmal im sechsten Jahr der Analyse dem damaligen Analytiker nach einem qualvollen monatelangen Clinch um Verstehen, Nähe und Individuation fast wörtlich den gleichen Satz sagte, brach es aus ihm, der ebenfalls erschöpft war und auf einer mächtigen Portion aufgestauten Grolls saß, heraus: »Sie sind nicht nur größenwahnsinnig, Sie *sind* der Größenwahn!« Dies schreibe ich nicht, um anzuklagen, sondern um, mit einem gewissen Verständnis, das auch aus eigenen Behandlungen kommt, die durch Phasen mit projektiver Identifikation gehen, festzuhalten: der Analytiker, der über eine gewisse Zeit dem Druck eines »manipulativen« Patienten ausgesetzt ist, ohne noch den Inhalt der Szene zu verstehen, wehrt sich zunächst instinktiv gegen den Druck, weil er emotional in eine Niederlage zu führen droht, so wie die Mutter ein Weinen aus Erschöpfung, Verwirrung oder Verzweiflung ja auch oft als Niederlage erlebt, von der sie am liebsten auch dem eigenen Mann, selbst bei gutgehender Beziehung, nichts berichten würde (analoge Situation: Aussparungen in der Supervision). Dagegen mobilisiert der Analytiker verständlicherweise ein Stück eigener Omnipotenz und ist geneigt, die Situation als einen Machtkampf zu erleben, wovon sie auch

Offensichtlich erfährt die Patientin zum ersten Male wenigstens indirekt etwas über Gefühl in der Analytikerin über die Deutung, »weil sie hoffte, sie (die Analytikerin, T. M.) sei nun statt ihrer enttäuscht, gereizt und wütend«, und kann ihre Hoffnung auf eine starke menschliche Regung bei der Attrappe ausdrücken. Die Analytikerin verharrt zwar mit ihrer Anschlußdeutung auf der Ebene der monadischen Einpersonen-Psychologie, wenigstens nahezu, trotzdem bleibt die Patientin im angestoßenen Kontext. Was hier stimmt, ist nicht sicher zu entscheiden: Für viele Kinder ist es elementar wichtig, die Mutter weinen (oder allgemeiner: stark beeindruckt) zu sehen, als eine *Wirkung* des Kindes; es müßte sich also gar nicht um die Akrobatik der projektiven Identifikation handeln, sondern schlicht um eine sichtbare Regung. Auf jeden Fall sagt die Analytikerin: »Wären es denn *Ihre* Tränen, die ich weinen soll?« Vermutlich ist es eine Mischung aus beiden Varianten.

In der folgenden Nacht produziert die Patientin einen Traum, in der »Frau Mond wegen Mordes gesucht« wird. Die Assoziationen verweisen auf die Analytikerin, und nach all den bombastischen ödipalen Deutungen, die die Patientin bereits zu hören bekommen hatte, führt nun endlich eine Spur zum Grundtrauma der Verlassenheit, das sie auf den diversen Couchen bis zum Exzeß wiederholt hatte. Im Traum kommen nämlich kleine Wattestückchen vor. »Die Watte erinnerte sie an etwas, was ihr aus ihrer Kindheit berichtet worden war. Sie hatte als Baby ›niemals geschrien‹. Ihre Mutter, die oft für längere Zeit abwesend war, pflegte dem Kind Stücke von Verbandswatte in sein Bettchen zu legen, an

subtile Anteile haben mag. Aber es geht auch um das Grundrecht des Kindes/Patienten auf Wirkung oder Einfluß, also affektive Resonanz, gerade dann, wenn er früher die Mutter als nicht resonant, unerreichbar oder omnipotent erlebt hat.

denen es bis zur Rückkehr der Mutter heftig saugte. ›Aber wo war sie?‹, rief Annabelle weinend aus. ›Ich habe niemals eine Mutter gehabt!‹ sagte sie schluchzend. Das kleine ›Kind, das niemals weinte‹, mußte danach viele Monate hindurch während der Analyse weinen.« (259)

Nach diesen zwei Stunden der Entspannung, in der sie ihren Schmerz in der Nähe einer Analytikerin (die wenigstens »Gefühle haben *könnte*«), ihre Verzweiflung einmal gemeinsam mit der Therapeutin ausdrücken konnte, was dann in endloses Weinen überging, geht das grausame Experiment aber weiter. »Obwohl mir diese beiden Sitzungen beträchtlichen Einblick ... verschafften, fand sie (die Patientin, T. M.) durch unsere analytische Arbeit keine unmittelbare Erleichterung. Später war sie in der Lage, mir zu sagen, daß die beiden Jahre, die auf diese Phase der Analyse folgten, sie mehr als je zuvor hatten leiden lassen.« (260) Die Attrappe verändert sich nicht prinzipiell, obwohl sie selbst viel leidet. Trotzdem bleibt es im wesentlichen bei verbalen Wattebäuschen, nicht ohne Folgen für die Analytikerin: »Ich war in keiner Weise frei von Erbitterung ...«, ... »meine eigene Gegenübertragung wurde aufs äußerste strapaziert ...« (26)

Beide quälen sich furchtbar, es gibt sozusagen *nur* Frustration, wie es die strengen Regeln vorschreiben, obwohl bei der Patientin Ur-Bedürfnisse nicht befriedigt worden waren.* Der iatrogene äußerste Streß, den beide durchleiden, läßt sich in der Wiederholung am ehesten wohl mit jenen Situationen zwischen Mutter und Kind

* Vgl. hierzu auch M. Sechehayes Theorie der symbolischen Wunscherfüllung in *Eine Psychotherapie der Schizophrenen*, Stuttgart 1986, in der sie aufweist, daß unerfüllte Primär-Bedürfnisse zumindest symbolisch *erfüllt* und nicht deutend seziert werden müssen.

vergleichen, in denen nach dem Zusammenbruch der Kommunikation beide Seiten dem anderen Part elementare Befriedigungen versagen, und wo die Bilanz der lebensspendend sein sollenden Kommunikation immer negativer wird, mit entsprechendem Groll auf beiden Seiten. Es ist meine Überzeugung, daß die Dinge sich drastisch verändert hätten, wenn die Analytikerin sich einfach in Sichtweite nahe neben die Couch gesetzt hätte (so wie sich eine Mutter ans Kinderbett setzt), als ein neues Objekt, das anwesend ist, sichtbar und zugewandt, statt der öden Provozierung einer unerträglichen globalen negativen Übertragung durch das rigide Setting. Wenigstens wird das der Analytikerin nachträglich bewußt: »Denn ohne daß mir dies klar geworden war, hatte meine eher ruhige und abwartende (vor allem unsichtbare, T. M.) Einstellung während des ersten Jahres … nur die ursprünglich in ihr vorhandene Imago einer verschwindenden, unerreichbaren und zugleich verfolgenden Mutter reproduziert.« (261)

Kein Wunder, daß eine solche Mutter, die unsichtbar als Herr über Leben und Tod erscheint, aber bei der Begrüßung und beim Abschied (wie die eigene verschwindende Mutter) noch Zeichen von Leben, gar Munterkeit zeigt, glühend beneidet wird, weil alles Heil in ihrer Hand und Willkür zu liegen scheint. Ganz entsprechend verlagert sich die Akrobatik dieser Analyse noch ein paar Monate lang in die Kleinschen Dimensionen des archaischen Neides, der natürlich um so größer wird, je weniger der Patient bekommt und den Reichtum als willkürlich zurückgehalten erlebt. Schweigen und Deuten angesichts eines verhungernden Säuglings sind die besten Mittel, den Neid ins Uferlose zu steigern. Der *kleinianische* Exkurs auf den Seiten 262-264 ist dermaßen grotesk, daß ich ihn nicht referiere, grotesk, weil der Neid künstlich aufgeheizt ist und, der guten alten Tradition entsprechend, von archaisch bis ödipal natürlich mit dem Penisneid wie dem Neid auf die Deutungsmacht amalgamiert wird.

Die Bilanz der Patientin nach einigen Jahren: »Mir ist klar geworden, daß ich mich nie auch nur eine einzige Minute weder in meinem Körper noch in Gegenwart anderer wohlgefühlt habe.« (265) Das hätte sie wohl schneller begreifen können!

Die Wende kommt, nach fünfzehn Jahren Analyse, wieder einmal an dem unerwarteten Punkt, wo der Analytiker durch das Eingeständnis eines Fehlers quasi nebenbei und unfreiwillig eine Grenze seiner durch die Situation perpetuierten Omnipotenz zeigt. Die Analytikerin sagt: »Beide machen wir eine schwere Zeit durch, und ich habe das Gefühl, Sie hängen zu lassen.« Dies ist der zweite Hinweis im ganzen Kapitel auf eine wenn auch noch verdeckte Mitteilung über die Gefühle der Analytikerin (während sie vor Affektüberschwemmung in stillem Heroismus fast umgekommen ist) und einen Kompetenzmangel. »Auf diese Intervention reagierte sie unerwartet und stürmisch – mit einem Freudenausbruch. Konnte es denn sein, daß eine *Analytikerin* etwas nicht verstand, sondern entmutigt und verwirrt war? Daß Analytiker nicht *allwissend* sind, war Annabelle in fünfzehn Jahren Analyse nicht in den Sinn gekommen.« (266) (Der Therapeutin wohl auch nicht, aber natürlich ist wieder der Patient schuld, nicht das Setting und dessen Handhabung). Annabelle hat diese Veranstaltung dennoch in kreativer Weise überlebt. »Zum ersten Mal (nach fünfzehn Jahren Analyse, T. M.) in ihrem Leben begann sie sich um ihren Körper, ihre Gesundheit, ihre äußere Erscheinung, ihr Liebesleben und ihre Arbeit zu kümmern. ... Voller Scheu gestand sie mir diese Entwicklung.« (266) Welch ein Klima!

Ich beende an diesem Punkt die Diskussion der Fallvignette über Annabelle, die trotz des anscheinend guten Ausgangs einem grausamen Experiment gleicht. Denn die engagierte Analytikerin, die ja nicht fühllos ist, im Gegenteil, erweist sich als angekettet auf dem Thron der Regeln und des Wissens, was man darf und was man nicht darf. Wo der gefürchtete *Fehltritt* hin zu spontaner Mütterlichkeit so *fern* liegt, wo Blick und haltender Körperkontakt so undenkbar sind, wo lieber beide Partner als die Dogmen-Wahrheit kaputt gehen dürfen, da ist die Menschlichkeit entwichen oder in den Untergrund verbannt und bleibt, auf den Gipfelpunkten der Frustration, Zufallsdurchbrüchen überantwortet.

Wenden wir uns also, nach der Unterbrechung durch die Fallgeschichte, wieder den durchaus wichtigen Entdeckungen der Autorin zu, die sie hinsichtlich der Kommunikationsversuche und des traumatischen Hintergrundes ihrer Patienten machte. In dem Abschnitt, der mit »Primitive Kommunikation« überschrieben ist, faßt sie noch einmal zusammen, was in einer solchen Analyse unterhalb der Sprachebene sich abspielt. »Wir finden hier vielmehr Wörter anstelle von Handlungen – als Waffe, Tarnung, verzweifelter Hilferuf, Wutschrei oder sonst ein intensiver Gefühlsausbruch, dessen sich die Patienten kaum bewußt sind. Diese Gefühlszustände haben keinerlei Beziehung zu dem, was die Patienten gerade berichten.« (267) Diesen Abstand hatte sie in anderen Kapiteln als »Kluft« bezeichnet, als Verwerfung oder Urverdrängung. Wie tief sie aber im theoretischen Instrumentarium der klassischen Neurosenanalyse verankert ist, zeigt sich schon in den ersten Zeilen darin, daß sie dieses Phänomen dennoch immer wieder als *Abwehr* oder *Widerstand* bezeichnet. Aber gerade dieses

Mißverständnis führt ja stets erneut dazu, Widerstände und Abwehr analysieren zu wollen, ein Clinch, bei dem Patient wie Analytiker mit dem Gefühl der Unfähigkeit auf der Strecke bleiben. Da solche Patienten in ihrer Kindheit keine das Affekt-Lernen begünstigende Interaktion kannten, mußten sie zu anderen Mitteln greifen, um ihr Ziel der Nähe, das durch die Angst vor Individuation und Separation noch dringlicher angestrebt wird, zu erreichen. Sie lernen, »sich der Sprache zu bedienen, um in ihre Zuhörer einzudringen« (270), suchen also eher »Kommunion als Kommunikation«. Da affektive Kommunikation nie gelernt wurde, führt dies zu dem Anspruch, »allein über Zeichen verstanden zu werden, ohne sich der normalen sprachlichen Kanäle bedienen zu müssen« (272). Und nun gelingt es der Autorin sogar mit der Etymologie des lateinischen Wortes *infans* (nicht sprechend) für Säugling gerade diese außerverbalen Verständigungsversuche zum Wesen des kleinen Kindes im Patienten zu machen. Das Kind ist »vollkommen davon abhängig, daß die Mutter seine Schreie und Gebärden deutet« (273). (Tut sie dies nicht oder falsch, dann werden sie bereits auf der Stufe von Proto-Affekten exkommuniziert.) Das totale Angewiesensein auf die Macht der Mutter, zu reagieren und zu deuten, führt zu Vorstellungen der *Allmacht* der Mutter, die dem Analytiker natürlich wieder angetragen werden. »Wenn sich gute oder böse Dinge ereignen, werden sie in beiden Fällen dem allgewaltigen Willen eines allmächtigen Andern zugerechnet. Dieser Andere versteht und reagiert, wie er will.« (273) (Die Unsichtbarkeit und die Nichtberechenbarkeit von Schweigen und Deutung perpetuieren dies.) Da die Sprache also nur als ein spät und unter Druck erlernter Ersatz für eine primär befriedigende Interaktion angesehen wird, die häufig genug nicht mehr zum primär angestrebten Ziel führt, wird ihre Benutzung oft als demütigend empfunden (gerade wenn es sich um Bedürfnisse handelt, bei denen es eine vielleicht sogar biologisch vorgeprägte Erwartung des mütterlichen Erratens oder Erfühlens gibt). Deshalb gibt es »im Unbewußten jedes Menschen immer wieder eine narzißtische Verletzung ..., zum Sprechen *gezwungen* zu sein, um sich verständlich zu machen und Wünsche erfüllt zu bekommen.« (273) Erst recht natürlich bei diesen Patienten!* Denn: »Für manche Menschen sind Verschmelzung und Vereinigung, nicht Individuation und Kommunikation die einzig authentischen Mittel, sich auf andere zu beziehen.« (273) (Die Tragik, die zu dem in diesen Analysen als erhöht beschriebenen Leiden führt, ist nun die einfache Tatsache, daß es auf der Couch weder das eine noch das andere gibt, sondern nur die vergebliche Hoffnung auf das erste und die Panik vor dem zweiten.) Also *müssen* sich die Patienten so verhalten, wie McDougall es beschreibt. »Zweifellos handelt es sich dabei um jene Säuglinge, denen nicht aufmerksam ›zugehört‹ wurde und deren Bedürfnisse von denen unzureichend ›gedeutet‹ wurden, welche sie großgezogen haben.« (274)

Außerdem wurden die »unvermeidlichen Frustrationen« nicht durch ausreichende »Gratifikationen erträglich gemacht«. (All dies wiederholt sich auf der Couch!) Aber nicht nur dies, die Kinder waren dann auch bei

* Das Ausmaß der Demütigung wie der immer wieder neu provozierten Wut über die permanente Aufforderung zum »Verwörtern«, wo es untergründig um einen nicht verstandenen Handlungsdialog geht, findet sich in vielen Variationen in Dörte von Drigalskis *Blumen auf Granit* dargestellt. Die Patientin erlebt nicht nur das affektive Nicht-Ankommen, sondern auch die Kränkung der Unfähigkeit, des Scheitern, des Nicht-Bringens einer als selbstverständlich vorausgesetzten Leistung. Für jemand, der zudem noch in einer Ausbildungs-Analyse ist, bedeutet das soviel wie Unfähigkeit zum Beruf und Unfähigkeit, sich helfen zu lassen.

Frustrationen ohne Hilfe. »Der Anspruch, ohne Worte verstanden zu werden, verweist darüber hinaus auf den Schrecken angesichts von Enttäuschungen oder Zurückweisungen. Sie werden nicht nur als narzißtische Kränkung, sondern als unträglicher Schmerz erfahren, der weder kontrolliert noch psychisch verarbeitet werden kann.« (274)

(So viel Einsicht, möchte man sagen, und dann doch so viel Grausamkeit mit dem »strengen Protokoll« der Analyse! Deshalb erlernen ja die Kleinkinder, aus eigener Kraft oder durch Identifikation mit einer ebenso verfahrenden Mutter, die subtilen Techniken des »Eindringens« und des »manipulativen Drucks«, den sie dann erst einmal voll auf den Therapeuten ausüben. Dies um so mehr, als trotz ihrer Hoffnung auf Heilung in der Analyse die frühen interaktiven Schäden natürlich nicht behoben werden, sondern in der sensorischen Deprivation panisch gesteigert werden, weil sonst das Gefühl der Isolierung unerträglich wird. Je totaler die Abwesenheit von Interaktion, also von präverbalen Ausdrucksmöglichkeiten ist, desto stärker wird der Rückzug auf die Fähigkeit, Druck zu machen und Unglück zu externalisieren. Der Analytiker verbraucht einen Teil seiner Kraft für die unbewußte Gegenwehr, weil sich niemand außerhalb seiner Kontrolle einer Invasion oder einer Ichveränderung aussetzen will. Der Container, den der Analytiker darstellen soll, wird so durch *Vergewaltigung* geöffnet, weil er, anders als bei der Neurosentherapie, nicht freiwillig angeboten wird und weil dem Analytiker ja auch nicht klar ist, wie er benutzt wird; er spürt es ja erst an der Verwirrung und den eigenen Schmerzen. In der psychoanalytisch orientierten Körpertherapie wird der Körper des Therapeuten, wie früher der der Mutter, freiwillig und kontrolliert angeboten, der Halt wird vom Patienten wirklich perzipiert, und der Therapeut spürt mit den Erkenntnisquellen der Mutter, welche Qualen in den Container abfließen wollen).

Die Kinder/Patienten haben nach McDougall ohne affekt-lehrende Interaktion auch nicht gelernt, Affekte am andern wahrzunehmen und darauf zu reagieren. Dementsprechend fühlen sie sich ohne Druck-Ausüben wirkungslos und rechnen nicht mit einem wahrnehmbaren Effekt ihrer eigenen Einwirkung. Deshalb können sie auch den Therapeuten so quälen (mit der Folge archaischer Schuldgefühle; dies führt dann wieder zu der archaischen Verfolgungsangst vor dem riesigen, gottgleichen Objekt hinter ihnen). »Ohne Zugang zu den wichtigen Teilen ihrer selbst vermögen diese Patienten nur schwer zu akzeptieren, daß auch andere unter Angst, Depressionen, Frustrationen und Gereiztheiten leiden können.« (275) (Da der Analytiker ihnen diese Gefühle auch nicht zeigt, sondern sie in seinem Bunker zu Deutungen verarbeitet, lernen sie das auch in der Analyse nicht. Im Gegenteil, sie können nur ihren Stimm-Radar ausbauen, der sie die Stimme analysieren läßt, falls sie dafür ein Sensorium mitbekommen haben.)

Wie erstickend die analytische Situation für diese Patienten sein kann, spürt McDougall selbst: »Obwohl dem erwachsenen Ich dessen Existenz nicht bewußt ist, schreit dieses wütende und verzweifelte Kind danach, atmen zu dürfen. Nur so kann es hoffen, sich in artikulierteren Formen auszudrücken.« (276)* Es ist, als ob McDougall von orthodoxer analytischer Seite die Forschung über diese Störungen exakt bis zu dem Punkt vorantreiben wollte, wo eine Veränderung des Settings sich als selbstverständlich anbietet und die Absurdität eines artistisch und manieriert, dazu noch grausam gewordenen Verfahrens zurückgenommen werden kann. Das Ende des Abschnitts enthält denn auch das große Wort: »Hier müssen die Grenzen der Psychoanalyse in Frage gestellt werden.« (277)

McDougall weiß, daß ein konturiertes Selbst, zumindest dessen Grundgestalt, in den präverbalen Interaktio-

* Ich glaube im Gegenteil, daß es hofft, sich endlich einmal in *nicht artikulierter Form* ausdrücken zu dürfen, um die Proto-Affekte zu spüren und erleben zu lernen. Nicht umsonst aber spielt in einer Reihe von Körpertherapien die Hilfe beim Atmen eine herausragende Rolle (Bioenergetik, integrative Körpertherapie, Rebirthing, Primärtherapie usw.), weil der eingeklemmte Atem direkt mit dem Grad der Verstümmelung des lebendigen Selbst korrespondiert.

nen der Frühzeit entsteht. Sie weiß, daß diese Interaktionen zusammengebrochen waren. »Daher ist bei diesen Patienten das Gefühl ihrer eigenen Identität nicht verläßlich. Mithin können sie nur schwer erfassen, was andere ihnen mitzuteilen versuchen, und ihre Annahmen über die Motive ihrer Mitmenschen gehen nur allzu leicht fehl.« (276) Hält man sich diese Grundmängel vor Augen, dann steht man wieder fassungslos vor der Frage, wie man ausgerechnet solchen Patienten ein Setting der sensorischen und interaktiven Deprivation anbietet, in der sie weder Orientierung noch Echo noch ihr verlorenes Körper- und Identitätsgefühl erhalten und desorientiert, verängstigt und isoliert einer extrem reduzierten menschlichen Gestalt ausgesetzt sind.

Die Erforschung der Mechanismen der projektiven Identifikation als eine der Hauptkommunikationsformen von in der präverbalen Interaktionsfähigkeit gestörten Patienten und das Training im therapeutischen Umgang mit ihr sind eine der bedeutendsten Leistungen der neueren Psychoanalyse.*

Bevor ich hierzu den letzten Abschnitt ihres Kapitels mit dem Untertitel »Die Rolle der Gegenübertragung« diskutiere, will ich aber noch einmal betonen, daß die klassische Psychoanalyse diese Phänomene im Grunde nicht »kausal«, am psychischen Ort ihres *Entstehens* und mit den Mitteln, die die ursprünglichen Ausfälle beheben könnten, therapiert, sondern unter Bedingungen, die die Verwendung der projektiven Identifizierung steigert. Sie bringt die Patienten in ein Setting, das sie auf diese »manipulative« Kommunikationsform reduziert,

* Eine Darstellung und Diskussion des Forschungsstandes zum Thema der projektiven Identifikation gibt Ralf Zwiebel in einer größeren Arbeit, die unter dem Titel *Einige klinische Anmerkungen zur Theorie der projektiven Identifizierung* erscheint. Zum obigen vgl. auch Cremerius (1984) über Abstinenz.

auferlegt ihnen also eine iatrogene Verschärfung ihrer kommunikativen Hilflosigkeit. Der Analytiker begibt sich mit seinen reduzierten Mitteln des »inneren Aushaltens« und der Dechiffrierung unter erschwerten Bedingungen auf dieses hochartifizielle Terrain, so, als habe der Patient die Aufnahmeprüfung für affektive Verständigung bereits bestanden.

Sehen wir also noch einmal in den Worten McDougalls, wer diese Patienten sind und wie *sie* mit ihrer Gegenübertragung, also den in ihr sich bildenden Gefühlen (als Reaktion auf die unbewußten Angebote der Patienten), umgeht. Sie verweist auf die »aus dem Psychischen abgewiesenen« Teile des Erlebens, die »entweder im Verhalten« sich ausdrücken oder »immer wieder als primitiver Austausch inszeniert werden. ... Wir wissen dann, daß es sich dabei um Anzeichen großer Schmerzen handelt, die von dem betreffenden Individuum noch nicht voll als persönliches Leiden erkannt werden können. Es fühlt sich blockiert, beeinträchtigt, gelähmt und (wie diese Anzeichen erkennen lassen) mit aller Welt verfeindet.« (277)

Aufgrund ihrer oft wiederholten Erkenntnis, daß es sich häufig um einen »affektfreien analytischen Diskurs« handelt, bei dem sich emotional nichts mehr ereignet, betont sie, daß der Analytiker sich »die latenten Inhalte gelegentlich über nichtsprachliche Medien bewußt machen muß – über Signalsysteme wie Gebärden, Körperhaltung, Gesichtsausdruck, Intonation, Bildzeichen etc.« (278) Nur: wie soll er das tun, wenn er Körperhaltung, Gebärden, Gesichtsausdruck und Bildzeichen kaum zu sehen bekommt und der Patient im Grunde auch kaum damit rechnet, daß sie wahrgenommen werden? Sagt McDougall doch unmittelbar darauffolgend selbst: »Es gibt keinen Einfall, also buchstäblich kein plötzliches Auftauchen oder Durchbrechen eines Gedankens, einer Phantasie oder eines Bildes aus einer tieferliegenden, bisher unbekannten Schicht.« (279) Das Erkennen der Körpersprache braucht ein eigenes Setting und eine eigene Schulung, und da sie die Hauptkommunikationsform (neben dem erwähnten Beeinflussungsdruck der Patienten) ist, warum muß man sich auf das verstohlene Hinübersehen, die Abfallprodukte einer auf Sprechen ausgerichteten Situation halten? Die Selbsttäuschung des Analytikers über die Bedeutung der Sprechakte wird ja noch dadurch erhöht, daß der Patient ahnt, was der Analytiker *ersehnt*, und da spielt der seine Isolierung und sein Herausfallen aus der »Kommunion« fürchtende Patient dann eben mit: die Autorin spricht selbst vom Wunsch des Patienten, »durch seine Verbalisierung« mit dem Analytiker »engstens ›verbunden‹ zu sein«. Da es aber keine andere Verbindung als das Sprechen gibt und dieses nicht wirkliche Verbindung schafft, muß der Patient mit dem »Strom der Worte« etwas ganz anderes machen, als Verstehen zu erreichen, nämlich durch eine in ihren Wirkfaktoren noch wenig enträtselte Begleitmusik in den Analytiker »eindringen«. Die Patienten »suchen Liebe und Aufmerksamkeit zu erlangen, um sicher zu sein, gehört und nicht fallengelassen zu werden, ja überhaupt zu existieren, und müssen zugleich den Anderen für all das Böse und die Härten bestrafen, die sie durchmachen.« (279) Sie kämpfen also buchstäblich um ihre Existenz, und *hören* heißt hier mehr als ein verstehendes Aufnehmen von Worten, es ist ein Reagieren und sich Beeinflussen-Lassen von seiten des Analytikers. Aber all die frühmütterlichen Zeichen des gespiegelten Existierens erhalten sie ja nicht, sondern sie bekommen Rückmeldungen oder Deutungen über ihre Kommunikationsform oder die Art des

Drucks, die sie ausüben, oder, im besten Falle, wenn jemand den Umgang mit der projektiven Identifikation beherrscht, die Gefühle des Analytikers, in die dieser sich hat hineintreiben lassen und die er als Teil einer früheren Szene zurückgeben kann.*

Doch folgen wir weiter McDougall in ihrer Beschreibung der Patienten. Sie produzieren Worte mit einem ihnen unbekannten affektiven Ziel. »Da sie sich der Wirkung ihrer Worte nicht bewußt sind, ist ihnen auch nicht klar, daß sie im Seelenleben anderer einen bestimmten Raum einnehmen.« (Wie sollen sie das lernen mit einem hinter ihnen sitzenden Unbekannten, der nur höchst gefilterte, affektbereinigte Sprechakte von sich gibt?) Die Patienten versuchen, ausgehend von ihrer Geschichte mit Menschen, auch »deren psychische Wirklichkeit« zu »umgehen, das heißt, sie nehmen nur wahr, was ihrer eigenen vorgefaßten Meinung ... entspricht ...« (280) Daraus folgt natürlich: »Ein großer Teil der Macht, welche die Übertragung besitzt, stammt aus dem Zusammenspiel zwischen dem phantasierten und projizierten Bild des Analytikers einerseits und seiner tatsächlichen Erscheinung andererseits.« (280) Nun: ein tatsächliches Erscheinungsbild besitzt er ja, sogar nach der Definition, in diesem Setting nicht, außer seinen von Patienten nicht als symbolisch wahrnehmbaren Sprechakten, obwohl er nichts dringender bräuchte als ein dosiert gezeigtes lebendiges Selbst als Kern eines neuen Objekterlebens. Die Folge sieht auch McDougall:

* So wie in der Frühzeit der Neurosenanalyse oft der Fehler gemacht wurde, die Symptome direkt zu analysieren, bis man erkannte, daß sie nur, oder gründlicher, einer Revision der Beziehungsformen weichen, die die Übertragungsanalyse anbietet, so gerät jetzt die moderne Analyse in Gefahr, das »Symptom« der projektiven Identifikation oder der »Manipulation« zu analysieren, ohne eine Beziehung anzubieten, in der sich das Symptom durch ein Umstrukturieren der Beziehungsform, der es entspringt, auflösen könnte.

»daß Projektionen in der Übertragung von ihnen nur selten als solche bemerkt werden.« Wie richtig! Wo es kein interaktives, affektvermittelndes Ich gibt, gibt es auch keine zugehörige Ichspaltung. Die Patienten fühlen sich von der Spiegelhaltung genarrt, verfolgt und ausgehungert.* Kommt dann noch hinzu der Vorwurf, »der Analytiker sei indifferent, weil er in seinem Inneren *seine Analysanden leiden lassen will«* (281), dann kann der Clinch leicht heillos werden, weil der unsichtbare und ins innere Kernkraftwerk verbannte Analytiker ja *auch* keinen Hebel hat, das Gegenteil plausibel zu machen, außer der Erfahrung, daß er zur nächsten Stunde immer wieder weitgehend vorwurfsfrei da ist. (Die zeitliche Ausdehnung dieser Analysen dürfte nicht zuletzt damit zusammenhängen, daß der Patient von Minimalrationen leben muß und erst die Zahl der Jahre, nicht das direkt sichtbare Erleben ihm beweisen, daß sein Therapeut ihn aushält und *überlebt*, eine Tatsache, die ihn angesichts seiner stets neu aufgeladenen Wut (übertragene und induzierte) immer mehr an eine gottgleiche Substanz im Analytiker (neben aller Entwertung) glauben läßt. Dies schafft induzierte Folgeprobleme von Neid, Unterwerfung, magischer Identifikation und illusionären Wundererwartungen an die Analyse weit jenseits der schwerverständlichen täglichen gemeinsamen Arbeitsleistung.)

Die Patienten kennen also weder ihre Gefühle noch ihre oder deren Auswirkung auf den Therapeuten. »So

* Dies führt in der Regel zu einer gravierenden Erschwerung in der Behandlung solcher Patienten, über deren Wucht der Vorwurfshaltung sich auch McDougall ausführlich beklagt: sind sie doch schon aufgeladen mit quälend intensiven, wenn auch zunächst noch ganz unbestimmten Vorwürfen gegen das ursprüngliche Objekt; das Trauma der analytischen Situation gibt nun ihren Vorwürfen eine kumulative Dringlichkeit, die dem Analytiker das Gefühl vermitteln kann, überhaupt nichts mehr zu taugen. McDougall bringt hierfür eindrucksvolle Beispiele.

wissen sie häufig nicht, daß sie wütend, verängstigt oder unglücklich sind.« (Der Analytiker, der es weiß oder immer wieder zu wissen betont, erscheint ihnen als Magier, Rattenfänger, Unglücksbringer oder als Gott, denn die Affekte sind ja das unbekannte, gefürchtete Unglück.)

McDougalls diagnostische Einsichten und Überlegungen sind stets faszinierend, präzise und deskriptiv stimmig wie durchs Mikroskop oder durch den wissenschaftlichen Einwegspiegel betrachtet, wenngleich sie eruptiv auch immer wieder Auskunft gibt über das Ausmaß des Leidens des Analytikers, der oft genug das Gefühl verliert, »als Analytiker tätig zu sein« (285).

Ein solcher Patient kann nicht anders, als seine »Mutter (den Analytiker, T. M.) als einen untergeordneten Teil seiner selbst zu behandeln« (283), er muß versuchen, »schmerzhafte innerpsychische Konflikte loszuwerden und Reaktionen beim Analytiker hervorzurufen« (284). Da er keine seiner Regression (oder Fixierung) angemessenen Interaktionen dafür tätigen kann, bleibt ihm nur die sprachabgespaltene, parallellaufende »Manipulation«. »Allmählich werden beim Analytiker Affekte mobilisiert und aufgestaut.« (285) Er wird »affektgeladen«, es handelt sich um eine »Unterwanderung durch Emotionen« (285). Es bedarf gewaltiger innerer Anstrengungen beim Therapeuten, nicht selbst ins Agieren zu kommen, und es ist wohl nicht übertrieben zu sagen, daß höchstens ein sehr begrenzter Teil der Therapeuten diesen enormen psychischen Innenraum ausbildet, der für den Umgang mit diesem Affektstau in kreativer Weise ausreicht. Sehr viele mißglückte und in beiderseitigem Elend abgebrochene Analysen dürften nicht zuletzt an dieser Überforderung scheitern, mit Wunden und einer Entmutigung vor allem beim Patienten, die nicht so leicht wieder zu heilen sind. Denn: der Analytiker »kann sich manipuliert fühlen und auf die Sitzungen gelangweilt reagieren, sich bei aggressiven Deutungen ertappen, trotzig schweigen oder sich in Gedanken verlieren, die keinerlei Beziehungen zu den Assoziationen des Patienten haben« (287). Hier kommt nun auch endlich die Warnung an die Kollegen (wie an die eigene Person), von der man hoffen kann, daß sie manches Elend verhindern mag: »Wenn er in solchen Augenblicken weiter nach einem verdrängten Inhalt sucht, Deutungen gibt, als handele es sich um neurotisches Material, aggressiv antwortet oder sich schweigend abwendet, dann agiert der Analytiker. Er blockiert dann den weiteren Verlauf der Analyse durch den *Widerstand der Gegenübertragung.«* (288) Aber dies zu vermeiden ist ein kräftezehrendes Maximalprogramm, vor allem deshalb, weil der Analytiker selbst in diesem asketischen Setting nicht mehr eine ausreichende Grundversorgung erhält, die die frühe interaktive Mutter aus dem körperlichen Umgang mit dem Kind bezieht. Patient und Analytiker befinden sich nicht mehr in einem *durchschnittlich abstinenten Klima,* sondern in dem einer extremen Unterversorgung, weil weder die Affekte fließen noch die sekundärnarzißtischen Gratifikationen der Vermittlung von Einsicht funktionieren, von der animalischen Kargheit einmal ganz abgesehen, die sich, daran habe ich gar keinen Zweifel, auch beim Analytiker in psychosomatischen Beeinträchtigungen, Selbstwertzweifeln und einer Minderung des Lebensgefühls auswirken.* Denn der Analytiker erlebt a) das

* Der körperorientierte Analytiker erhält, analog der frühen Mutter oder dem frühen Vater, durchaus nicht-erotisierte organismische Gratifikationen, die ihn »nähren«, was sich als ein unabdingbares Geschenk, eine Prämie der Natur bezeichnen ließe, ohne die die Gattung vielleicht längst ausgestorben wäre.

frühere, gespeicherte Leiden des Patienten; b) dessen Kumulation durch die analytische Situation im extrem frustrierenden Setting; c) die Wirkungslosigkeit seiner traditionellen Instrumente und seines Einsatzes, und d) die Grundhoffnungslosigkeit in langen Phasen der Kommunikation: »Die Haltung eines ›erwartungsvollen Schweigens‹, die für den Neurotiker Hoffnung bedeutet und ihm einen psychischen Raum eröffnet, in dem ein lange begrabenes Begehren wieder hervortreten darf, bietet Patienten wie Annabelle wenig mehr als Trostlosigkeit und Tod.« (289) Davon kann auf die Dauer kein Analytiker leben. So preist McDougall zwar einerseits weiterhin die Analyse der Gegenübertragung als Mittel der Annäherung an die Leiden der Patienten, aber diese können oft selbst diesen Aufwand des Analytikers für sie nicht mehr wahrnehmen oder dessen Ergebnisse aufnehmen. Therapeutisch scheinen es immer wieder die Situationen eingestandener oder offenkundiger Hilflosigkeit, die eine Progression zustande brachten. Das Buch von Joyce McDougall vermittelt nicht den Eindruck, als habe eine systematische Analyse der Gegenübertragung wie der projektiven Identifikation stattgefunden. Die Widerspiegelung induzierter Gefühle scheint nur in Ausnahmefällen zum Kodex des Erlaubten zu gehören und kein sicher angewandtes Mittel der Kommunikation gewesen zu sein.

Hören wir doch nur noch einmal den Satz über diese an mangelnder Reaktion in ihrer Kindheit fast eingegangenen Patienten: »Ihr Bedürfnis, durch die Augen anderer hindurch ihre eigene Existenz zu spüren und sich wirklich lebendig zu fühlen, dominiert weiterhin alle anderen Wünsche und durchdringt fast den gesamten Raum des Begehrens.« (289) Aber diese Augen des Andern werden ihnen verweigert, mindestens in der strengen Form von McDougalls Analyse. Vielen Kollegen ist es inzwischen selbstverständlich, solche Patienten eben wegen der Wiederholung des Traumas auf der Couch im Sitzen zu behandeln, damit sie »schauen« und wenigstens mit den Augen interagieren und das *»neue Objekt«* hinter dem Übertragungsobjekt ausreichend beobachten können. Dabei entsteht aber rasch ein neues Paradox: durch das Aufsitzen verlieren die Patienten wiederum die regressiven Möglichkeiten des Liegens und befinden sich in einer Haltung, die ihrerseits fast schon wieder ein Symbol für sprachlichen Austausch ist. Will man solchen Patienten das Liegen wie den interaktiven Augenkontakt bieten, so setze man sich seitlich neben die Couch. Damit ist man erst im Vorfeld der körperlichen Interaktion, in der man sich anfangs entsprechend unsicher fühlen kann. Es ist ganz erstaunlich, wie dieser Gedanke des »Sitzens und Sehens« Kollegen, die die Unsichtbarkeit des »off« idealisierend verinnerlicht haben, schon erschrecken kann. Und trotzdem hat es sehr positive Wirkungen.

Weitaus mehr Kollegen, die die Unmenschlichkeit totaler Abstinenz nicht ertragen oder für unsinnig halten, riskieren es längst in aller Heimlichkeit, manchen Patienten von hinter der Couch her vorübergehend körperlichen Halt zu geben. Aber es wird nicht darüber gesprochen; dies zersetzt die kollegiale Atmosphäre mit doppelter Moral und Unaufrichtigkeit und vertieft unnötig geheime Bündnisse mit den Patienten, die die »unerlaubten Abweichungen« natürlich dankbar akzeptieren, sie aber auch im Sinne eines »gemeinsamen Geheimnisses« symbiotisch-spaltend verwenden können.

KAPITEL 5

Die post-viktorianische Angst vor dem Körper
Über »Psychischer Schmerz und Psychosoma«

Die große Leerstelle der klassischen Psychoanalyse ist der Körper. Daran ändern auch gewisse Sprachrituale nichts, etwa das häufige Zitieren einiger Freud-Stellen, in denen er betont, daß das frühe Ich ein Körper-Ich sei. Der Körper ist das Jenseits; von Interesse sind nur die psychischen Repräsentanzen, also das, was aus dem sprachlosen Jenseits der kruden Körperlichkeit in die höheren Sphären der analysierbaren Symbole und Wortvorstellungen herüberragt. Joyce McDougalls Bemühen ist es, diese Tatsache idealtypisch zu formulieren, wenn nicht zu kodifizieren. Trotzdem glaube ich, daß ihr ein gewisses historisches Verdienst zukommen könnte gerade durch die Steigerung der Angst vor dem Körper bis zu dem Punkt, an dem der Umschlag von einer ins Absurde getriebenen Position der Körperferne hin zur Fähigkeit zu neuem Hinsehen erfolgen könnte. Gerade daß sie die exzessiv und einseitig gehandhabte Methode der klassischen Analyse in nahezu masochistischem Heroismus auf Störungen angewandt hat, bei denen sie nach ihrer eigenen Diagnostik kaum funktionieren kann, führt sie zu Einsichten, die eigentlich nur noch auf den Kopf gestellt zu werden brauchen, um in ein wirklich hilfreiches Verständnis von Theorie und Technik der Psychoanalyse angesichts von Patienten überzugehen, bei denen eine »Kluft« Körper und Seele trennt. Die beinahe selbstvergessene Offenheit und Aufrichtigkeit, mit der die Autorin ihre Skotome sowie die fundamentalen Mängel einer rigide gehandhabten psychoanalytischen Methode darstellt, erleichtern die Einsicht in die Grenzen des neurosenpsychologischen Paradigmas der vom realen oder zumindest präsymbolischen Körper absehenden Psychoanalyse.*

Es verwundert nicht, daß das Denken beim Versuch, angesichts unübersehbarer neuer Fakten die alten Modelle zu retten, gelegentlich erstaunliche Sprünge machen muß, sozusagen Bocksprünge über den nicht mehr tragenden Grund einer sklerotisierten Theorie.

Folgen wir der Argumentation der Autorin: Am Ende des zehnten Kapitels faßt sie noch einmal zusammen, Pauls Krankheit »habe in Wirklichkeit nicht in seinem Magengeschwür bestanden, sondern in einer tiefgreifenden Spaltung zwischen Seele und Körper, zwischen seinem Denken und seinem Gefühlsleben, auf *der* (im deutschen Text irrtümlich: dem, T. M.) seine Charakterstruktur beruht. ... Der Körper wurde sozusagen alleingelassen, um mit seelischen Gefahren fertig zu werden, die psychisch nicht repräsentiert werden konnten.« (402) Der Körper wurde natürlich auch in der langen Psychoanalyse wieder alleingelassen, während die Analytikerin sich den »nicht repräsentierten seelischen Gefahren« zugewandt hatte, mit unsicherem Erfolg. Denn nach jahre-, wenn nicht jahrzehntelangem Bemühen bleibt als Fazit: »Es bestand Grund zur Hoffnung, daß die Spaltung zwischen dem realen Körper und der imaginären somatischen Identität sich verringert hatte und daß der ›wahnhafte‹ Körper mit seinen gestörten Funktio-

* Neuerdings bietet Hans-Peter Kapfhammer in *Psychoanalytische Psychosomatik* (Springer-Verlag 1985) einen hervorragenden Überblick über den präverbalen Kontinent der frühen Interaktion als Basis und Voraussetzung der Symbolisierungsfähigkeit.

nen allmählich zu einem symbolischen Körper werden konnte.« (402) Obwohl die Autorin oft darauf hinweist, daß es den »realen Körper« gar nicht gibt, sondern immer nur ein irritierendes biologisches Faktum, das durch die Brille eines wie immer rudimentären Subjekts wahrgenommen oder gedeutet wird (aber auch vom externen Subjekt der Mutter), spricht sie hier doch von der Kluft zwischen dem »realen Körper«, dem wahnhaften des Psychotikers und dem symbolischen des Gesunden oder des Neurotikers. Aber der reale Körper wird in der Analyse ausgelassen. Was dem Patienten angeboten oder abverlangt wird, ist der direkte Übergang vom wahnhaften zum symbolischen Körper, unter Auslassung der Interaktion, durch die das Kind in langen Jahren zu einem symbolischen Körper gelangt ist. Kein Wunder, daß es bei Abschluß der langen Analyse lediglich beim »Grund zur Hoffnung« bleibt.

Das Bekenntnis zur Anti-Körperlichkeit wird zu Beginn des elften Kapitels noch einmal wiederholt. Zwar heißt es eröffnend: »Der Schmerz stellt eine Brücke zwischen Seele und Körper dar.« (403); und es wurde auch immer deutlich gemacht, daß in der präverbalen Phase seelischer von körperlichem Schmerz nicht zu unterscheiden sei, aber die Grenzen sind klar: »Körperliche Schmerzen beschäftigen uns nur insofern, als sie in die Analyse eingehen und damit symbolische Bedeutung erhalten. Dies zumindest ist unser Anspruch, und vielleicht suchen wir im Grunde unseres Herzens Probleme zu vermeiden, die als spezifisch somatisch anzusehen sind.« (403) Die Logik ist kraus, denn wie soll ein Schmerz plötzlich wieder nur »spezifisch somatisch« sein, wenn kleine Kinder und solche Patienten doch einfach den Unterschied nicht wahrnehmen können, wie die Autorin nicht müde wird zu betonen? Was würden wir von Müttern halten, die sagen: ich reagiere erst auf Schmerz und Kummer, wenn du formulieren kannst, wie und wo es wehtut, und was das psychisch bedeutet? Durch interaktive Reaktion, durch Berühren und einfühlende Übernahme deuten ja die Mütter das Körperbefinden, lokalisieren es und verhelfen ihm zum Übergang ins Reich der Affekte und der klaren Empfindungen wie der klaren Schmerzwahrnehmung. Der Hauptarbeit der Eltern am Körper des Kindes entspricht in der Psychoanalyse nichts, sie kann nur die Mängelzustände immer subtiler diagnostizieren und den Weg zur Trauerarbeit weisen bzw. zur schmerzlichen Einsicht, daß es da halt große unbelebte Zonen gibt. Bestenfalls lassen sich die Einsprengsel der Symbolisierungsfähigkeit im tauben Gestein der Körper- und Affektlosigkeit ausdehnen und verknüpfen.

Treibt man die Analogie zwischen dem Bild von Mutter und Kind und dem von Therapeut und Patient zu weit, dann erntet man unter Analytikern immer Kopfschütteln und hämische Kommentare, deren Ausgangspunkt noch immer Freuds tragisches Höhnen gegenüber den exkommunizierten Versuchen von Ferenczi ist, die starke Regression zur Reparatur der früh entgleisten Interaktionsformen zu nutzen. Aber gibt es denn wirklich nichts anderes als das Hinführen zum Trauern um all das, was in der Interaktion zwischen Mutter und Kind nicht zu einem Fundus von Affekten und zu einem symbolischen Körper geführt hat? Bei McDougall scheint es so: »Die Unaussprechlichkeit des Schmerzes ist dafür verantwortlich, daß er anderen nur näherungsweise mitgeteilt werden kann.« (403) In der Tat: wenn starker körperlicher und psychischer Schmerz als einzigen Kanal in das Psychosoma der Mutter das Ohr haben, dann hat die Übermittlung der Empfindungen äußerst enge

Grenzen, und es entsteht im Kind/Patienten zusätzlich zum Schmerz ein Gefühl unerträglicher Einsamkeit und biologischer Verlassenheit. Die Kommunikation von Schmerz erfolgt beim Kind, selbst wenn der Schrei die erste Botschaft ist, doch über den Körper, und neben den Funktionen des Trostes, der Milderung und des Gefühls des »Abfließens« ist es beim Kind (wie beim Patienten, dem man körperlichen Halt bietet) das Ur-Gefühl des Dabei-Seins der Mutter mit Haut, Muskulatur und Wärme, die das Gefühl vermittelt: der Schmerz wird mich nicht überwältigen, sie fühlt ihn mit, er ist geteilt, wahrgenommen, und also kann ich ihn zulassen, aushalten, tragen und vielleicht verstehen. Dabei spielen vermutlich auch magische Vorstellungen über die Kraft der Mutter eine Rolle, zum Beispiel über die Größe ihres körperlichen und seelischen Schmerzcontainers. Auf all dies verzichtet die Psychoanalyse, diagnostiziert diese Patienten in den Mülleimer ihrer »Unfähigkeit« zu fühlen und zu symbolisieren, obwohl doch immer wieder klar ist, daß zwischen Körper, Geist und Seele die »gegenseitigen Verbindungswege blockiert oder daß Botschaften mißdeutet werden, so daß körperlicher und affektiver Schmerz miteinander verwechselt oder als Teil einer psychischen Abwehr durch einander ersetzt werden« (404).

McDougall gibt für eine solche Verwechslung ein schönes Beispiel: »Immer wieder gibt es in der klinischen Praxis Patienten, die davon reden, daß sie müde sind, statt anzuerkennen, daß sie depressiv sind und daß dies schmerzhaft für sie ist.« (404) Aber wie kann man ihnen helfen, die Depression fühlen zu lernen? Indem man ihnen mehr als den nur-sprachlichen Container eines unsichtbaren Objekts anbietet. Ich habe bereits erwähnt, wie sehr das Sitzen neben der Couch bereits den psychischen Raum des therapeutischen Containers erhöht. Dies läßt sich verstärken, wenn der Therapeut als »Fühler« seine Hand ausstreckt und auf Stirn, Schulter, Brust oder Bauch legt, natürlich nicht unvermittelt, sondern nachdem er den Patienten gefragt hat, ob er das zulassen könne oder wünsche. Denn die von McDougall erwähnten Patienten spüren ihre Depression nicht nur nicht, weil sie ihnen zu »schmerzhaft« wäre. Sie haben oft den Weg des Nicht-Fühlens und der Uminterpretation in Müdigkeit gewählt aus tiefer Loyalität für die Mutter oder ein anderes Familienmitglied, das ihre Depression nicht ertragen hätte und sie daher beständig uminterpretierte. Gibt der Analytiker bloß seine Abwehrdeutungen, gewürzt vielleicht mit einem Schuß Empathie: die Depression könne wohl sehr weh tun, dann enthält dieses »Angebot« weder eine Milderung der zu erwartenden Schmerzen, noch beseitigt sie die tiefen Loyalitätsbindungen. Sieht der Patient dagegen den Therapeuten neben sich, spürt gar seine Hand auf seinem Körper, so kann er *fühlen*, daß der Analytiker sich, anders als seine frühe Bezugsperson, nicht vor seiner Depression fürchtet, ihm hilft, sie zu spüren und zu tragen, und ihm auch physische Solidarität anbietet. Meistens dauert es dann nicht Jahre, bis die Tränen kommen, sondern ein paar Sekunden bis ein paar Stunden, manchmal vielleicht auch Tage oder Monate, wenn die Schambarrieren hoch sind oder das Weinen als Explosion vorausphantasiert wird, d.h., wenn der frühe »Ausstieg« aus dem Affekt bereits in der Phase seiner »konvulsivischen« Bewältigung erfolgt ist.

Immerhin ahnt McDougall, daß die Psychoanalyse auf diesem Gebiet mit Scheuklappen gelebt hat: »Die Abweisung von Affektzuständen durch das Bewußtsein und die Entstellung von Nachrichten des Körpers haben jedoch weit weniger Aufmerksamkeit gefunden (als die psychologischen Phänomene, T. M.). Seit Beginn der psychoanalytischen Entdeckungen aber hat Freud diesen Fragen große Bedeutung zugemessen. Sie spielen auch weiterhin eine bedeutende Rolle in unserer analytischen Arbeit und können deren Erfolge sogar beeinträchtigen, wenn es ... nicht gelingt, Hindernisse auf diesem Gebiet zu beseitigen.« (405) Wie wahr! Zwar stimmt es nicht, daß Freud diesen Fragen mehr als theoretisches Interesse gewidmet hat (sonst wäre es nicht zur gehorsamen Exkommunikation des Körpers aufgrund der Technischen Schriften gekommen), aber immerhin eröffnet dieser Hinweis auf Freud mindestens für Strenggläubige einen gewissen Kerkerspalt der Legitimität, sich auch behandlungstechnisch mit solchen Problemstellungen zu beschäftigen ohne die permanente Angst (die unter Analytikern ja omnipräsent ist), mit einer kleinen Abweichung gleich ins Abseits zu geraten und außerhalb der wärmenden Herde sofort zu erfrieren oder den rätselhaften Tabu-Tod des Abweichlers zu sterben.

McDougall scheut sich nicht, die Scheuklappen ordentlich straff zu ziehen, der Lichtblick auf Freuds Interesse und die erfolgsbeeinträchtigenden Hindernisse war nur von kurzer Dauer: »Was darf ein Analytiker als Beobachter rein psychischer Phänomene in bezug auf den Körper und dessen Funktionen sowie in bezug auf affektive Auswirkungen körperlicher Zustände zu entdecken hoffen? Es gibt hier eindeutig nichts zu beobachten, solange diese Zustände nicht zu mitteilbaren psychischen Repräsentationen führen.« (405) Zu denen, so hat die Autorin immer wieder erklärt, führen sie aber bei solchen Patienten nicht. Ihr Satz gleicht also der Botschaft: seht zu, wie ihr erst einmal gesund oder wenigstens normal neurotisch werdet, dann dürft ihr wiederkommen, oder dann nehme ich eure Seele wahr.

Da die Geschichte theoretisch immer schwieriger wird, weil die Körperbotschaften lauter und die Seelenbotschaften leiser zu werden drohen, das frühe Körper-Ich also eigentlich mächtig nach seiner Eintrittskarte für eine analytisch-therapeutische Behandlung ohne Scheuklappe verlangt, gelangt die Autorin, zwecks Ausschlusses dieser perhorreszierten Möglichkeit, zu einem ihrer interessantesten theoretischen Sprünge: wir können nämlich nichts anderes tun, sagt sie, als »den *Status des Körpers als eines Objekts der Psyche* untersuchen« (405). Vergessen, daß das frühe Ich ein Körper-Ich ist, vergessen, daß das Psychische zunächst nur in der Phantasie der Mutter und ihren entsprechenden Interaktionsangeboten liegt, vergessen, daß der Körper für das Kind ein Ort schmerzhafter, lustvoller oder unheimlicher Empfindungen ist, die in der Interaktion Linderung, Trost, Sinn und ein antwortendes, sinnstiftendes Objekt erhalten, und damit auch zusammenfassende Subjektivität: »Das Paradox besteht darin, *daß der Körper für das Ich keinerlei Existenz hat, solange er nicht zu psychischer Repräsentation gelangen kann.*« (405) Das, was eine erhoffte, allmähliche Folge der symbolbildenden Interaktion ist und zu einem »Körper mit Existenz« führt, wird immer schon vorausgesetzt; der Rest ist uninteressantes, biologisches Abseits und braucht uns nicht zu kümmern. »Ein Analytiker gewinnt nur in dem Maße Zugang zur ›somatischen Identität‹ eines Analysanden, wie dieser sich selbst psychisch zu erfassen vermag. Die Repräsentation seines Körpers muß darüber hinaus mitteilbar sein, und der Analysand selbst muß bereit sein, sie mitzuteilen.« (405/6) Der arme Analytiker und der arme Analysand! Er kommt, weil er sich leer und von Sinnlosigkeit gelähmt fühlt, hofft, die furchtbare Kluft zwischen Körper und Seele zu schließen und die Gewißheit zu verlieren, der Körper sei nur ein zu vernachlässigender Schrottplatz des Lebens. Und dann wird ihm gesagt, er habe im Grunde recht, sein Leib sei nur in einem ihm unerreichbaren, durch Symbolisierung veredelten Zustand in dem kostbaren Verfahren der Psychoanalyse zu gebrauchen. Sein Körper-Selbst, das nie zu einem psychischen Sinn gefunden hat, ja, das von ihm nicht einmal mehr bewohnt wird (»Überrascht entdeckt der Analytiker, daß manche seiner Patienten ihren Körper nicht bewohnen« [407]), wird abgelehnt, nicht wahrgenommen, solange es nicht psychoanalytisch daherreden kann. Denn: »Man kann tatsächlich sagen, daß der Körper, von dem wir sprechen, dessen wir uns bewußt sind und mit dem wir leben, nichts weiter ist als ein *System psychischer Tatsachen.*« (406) Weg ist das Rohmaterial, auf dem der arme Patient sitzt wie Eingeborene auf unverkäuflichen Bodenschätzen, hinauseskamotiert aus dem Reich des Analysierbaren, vor dem, hinter vielen Couchen, die Analytiker sitzen, mit angelegtem Hörrohr, ob nicht nach jahrelangem Warten aus dem Jenseits des abgespaltenen Körpers doch noch die Sphärenmusik der Symbole ertönt, die ihnen wieder eine Daseins-Berechtigung verleiht.

McDougall weiß, daß auch bei Neurotikern gelegentlich Körperzonen, -teile oder -funktionen exkommuniziert sein und aus dem Bereich der Wahrnehmung herausfallen können. Aber bei denen ist die Arbeit leichter: sie sind nur hinter der Verdrängungsmauer verschwunden. »Repräsentationen, die *verdrängt* wurden, sind im Verlauf der Analyse sowohl dem Analytiker wie dem Analysanden relativ zugänglich.« (408) Richtig! Es handelt sich dabei auch nur um eine Art Versteckspiel mit schon einigermaßen konturierten Gegenständen. Beim Suchen gibt der Patient, bzw. das Vorbewußte, auch ziemlich klare Zeichen, analog dem Suchspiel, wo der Suchende (die »blinde Kuh«! alle weiteren Assoziationen liegen in der Verantwortung des Lesers!) durch die Ausrufe »kalt«, »warm« oder »heiß« von den Mitspielern geleitet wird. »Diejenigen aber, die – wie in den oben zitierten Fällen – auf radikalere Weise von der Psyche abgewiesen wurden, treten nur versehentlich im analytischen Diskurs auf oder werden nur dadurch wahrnehmbar, daß der Analytiker den Eindruck hat, daß etwas fehlt.« (408)

Dieser kühne Schluß auf das »Fehlende« beim Überhandnehmen der Leere und der Langeweile im affektfrei gewordenen Dialog scheint das Maximum der Genialität, die eine Psychoanalyse im Abseits aufzubringen vermag. Es ist faszinierend zu sehen, wie bewußtseinsnah das ist, was McDougall im Gitterkäfig der eigenen sensorischen Deprivation schreibt, wenn sie dauernd auf die per definitionem nicht vorhandenen Symbolisierungen wartet, die »versehentlich« einmal hochkommen (wie ein Angler an einem Teich, in dem vorher durch eine Giftkatastrophe die meisten Fische eingegangen sind!). – Sie betont immer wieder, daß es zwischen Körper und Seele keine Affektbrücke mehr gibt, eine Tatsache, für sie sie ein schönes Bild benutzt: »Diese taubstumme Beziehung zwischen Seele und Körper ist das Kennzeichen eines ›psychosomatischen‹ Körpers.« (409) Das hindert sie aber nicht zu betonen, daß der Kerl endlich reden und daß der Analytiker sich um Gottes willen auf das Hörrohr als das einzige Instrument der Verständigung beschränken soll. Von gleicher Sinnlosigkeit ist es, einen Menschen, von dem man weiß, daß er stumm und taub ist, aus dem Abseits der Unsichtbarkeit mit wohlformulierten Sprechblasen zu berieseln und sich dann larmoyant zu wundern, daß die kostbaren Inhalte nicht aufgenommen werden. In einem schier verzweifelten Hin und Her zwischen den unmöglichen technischen Forderungen der klassischen Psychoanalyse gegenüber den Taub-Stummen und ihren diagnostischen Einsichten schreibt die Autorin, fast beschwörend, dann sofort wieder: »Für einen Säugling gibt es mit Sicherheit keine Unterscheidung zwischen schmerzhaften Körperempfindungen und schmerzhaften Affektzuständen. Da ihm die Fähigkeit zu symbolischer Repräsentation fehlt, kann er weder über seinen Körper und dessen Empfindungen nachdenken noch seine eigenen schmerzhaften Affektzustände erkennen.« (411) Ihre Patienten waren aber Säuglinge und Kleinkinder, die keine Hilfe hatten bei diesen mühsamen Prozessen. Das hindert sie nicht, trotzdem bei ihrem Rezept des sinnlosen Sprachexorzismus, den die Psychoanalyse in diesem Fall darstellt, zu bleiben, selbst wenn er über Jahre und Jahrzehnte nicht funktioniert.

Schließlich soll ein weiterer Trick helfen, das Modell der immer schon vorhandenen (und also vielleicht doch noch zu analysierenden) Repräsentanzen zu retten: »Die häufig vertretene Auffassung einer gemeinsamen psychosomatischen Matrix, aus der sich Körper und Geist schließlich entwickeln, ist nicht frei von theoretischen Widersprüchen. Wäre es nicht plausibler, von der Annahme auszugehen, daß es von Beginn des Seelenlebens an eine ›Psyche‹ gibt, deren Aufgabe darin besteht, somatische Vorgaben bildlich zu registrieren?« (411) Sie zaubert also eine neue psychische Wesenheit aus dem Hut, einen »ursprünglichen Prozeß (im Unterschied zum Primär- und Sekundärprozeß)«, der dem Psychischen endlich seine Priorität sichert, den Körper endgültig ins Reich des Sekundären (oder vielleicht gar nicht Existenten?) befördert und das alles auf den sicheren Boden einer neuerfundenen Wolke stellt. Denn, so meint sie: »Ohne eine derartige Annahme würde der Säugling weder auf die Bedürfnisse seines Körpers noch auf die Antriebe des Es reagieren und könnte biologisch kaum überleben.« (412) Der arme Kerl! Wahrscheinlich helfen ihm doch besser die Reichtümer und Geheimnisse der Mutter-Kind-Interaktion. Eher scheint mir, daß diese Art von Psychoanalyse bald nicht mehr ohne solche Hilfskonstruktionen überleben wird.

Damit nun aber nicht der Eindruck entsteht, der deus ex machina in Form eines rechtzeitig erfundenen neuen »Organisators« könne wie ein Zauber die Priorität des Symbolischen vor der nackten Wahrheit des Säuglings retten, betont sie gleich wieder die Bedeutung der Mutter bei der Symbolisierung. Sie wird immerhin zum Hilfsmittel des »Organisators« ernannt, denn »die komplizierte Aufgabe der Symbolisierung wird« eben doch nicht, nach dem Muster der radikalisierten Ein-Personen-Psychologie, »spontan gelöst« (412). »Von der Mutter lernt das Kind die Worte für die verschiedenen Körperzonen und erfährt deren Bedeutung«; oder: wichtig ist »die Rolle der Mutter bei der Vermittlung von *Wörtern für die Affekte*« (412). Man sieht, daß die Mütter sich ihrer Verantwortung bei der Vorbereitung ihrer Kinder für die höhere Schule der Psychoanalyse voll bewußt sind. Sie leisten nicht so sehr lustvolle Interaktion, in die das sprachliche Deuten eingebettet ist, sondern gehen gleich zum Sprachunterricht über. Die Babies werden zu den gelehrten Säuglingen, von denen Ferenczi so eindrucksvoll geschrieben hat. McDougall: »Da dem Säugling eine Sprache für seine Gefühlszustände fehlt, ist er nicht in der Lage, mit diesen angemessen umzugehen.« (412) In Zukunft sollte man also Müttern zur Geburt eines Kindes einen Duden oder einen Littré schenken, damit sie bei dieser der kruden Interaktion vorauseilenden Sprachvermittlung auch eine korrekte Affektbezeichnung vermitteln.

Die intellektuelle Aufrichtigkeit der Autorin funktioniert zuverlässig: »Im Gegensatz zur Repräsentation von Vorstellungen ist der Affekt ein Grenzbegriff, der sowohl Körper wie Psyche umfaßt und keineswegs als rein psychisches Phänomen betrachtet werden kann. Als lebenswichtige Verbindungsglieder bilden die Affekte lange vor dem Erwerb der Sprache die frühesten Elemente der symbolischen Struktur, in der sich das somatische Selbst repräsentieren kann.« (413) Von hier aus wäre es wahrlich nur noch ein kleiner Schritt, dem Analytiker zu erlauben, die Affekte, wenn sie im psychischen Bereich schweigen oder unkenntlich sind, auf der körperlichen Ebene zu beobachten oder »abzuholen«. Aber zu eben diesem kleinen Schritt kommt es nicht, weil dazwischen der eiserne Vorhang des Dogmas liegt.

Die Autorin führt uns noch weiter in die Sackgasse: »Diese enge wechselseitige Verbindung von Geist und Körper über die Affekte wird zu einer schwerwiegenden Angelegenheit, wenn die Zirkulation zwischen beiden blockiert und insbesondere die Abfuhr schmerzhafter Affekte unmöglich gemacht wird. Obwohl das metapsychologische Problem der Affekte überaus komplex ist, sind ihre biologischen Funktionen relativ leicht zugänglich. Die Übermittlung affektiver Reaktionen dient dazu, die Psyche (zuallererst wohl die Mutter! T. M.) mit wichtigen Informationen über den Körper und dessen dringendste Bedüfnisse zu versorgen.« (414) Nun höhnen klassische Analytiker, auch ohne nähere Informationen, über nichts lieber als über die kathartischen

Phänome, die bei den intensiveren Körpertherapien gelegentlich auftauchen und bei denen sich ein Staudamm vor einer Flut von Gefühlen zu öffnen scheint. (Ich möchte hier wohlgemerkt nicht den permanenten Aufreißern das Wort reden!) Aber dort, wo »die Abfuhr schmerzhafter Affekte unmöglich gemacht wird«, bildet sich, das kennt jeder Therapeut, ein gewaltiger Stau (McDougall benutzt den Ausdruck selbst), der so groß sein kann, daß, wenn er sich löst, oft wochen- oder monatelanges Weinen oder Wüten folgt). Das Ich ist gegenüber solchen Staus natürlich erst recht hilflos. Deshalb ist der Sinn der kathartischen Ouvertüre mancher Körpertherapien (ich spreche nur von den durchdachten, verantwortungsvoll gehandhabten) *der,* im Halt-Geben bei der Abfuhr (die durchaus manchmal auch am Ich vorbeiführen darf), das Ich vom ängstigenden Dauerdruck des Staus erst einmal zu entlasten und ihm die Angst zu nehmen, der Durchbruch der Affekte könne nur mit einer vernichtenden Explosion enden. Der »Stau« erklärt auch, warum McDougalls Patienten im bürgerlichen Salon nicht an ihre archaischen Affekte herangehen: weil sie wissen, daß sie beim Bruch des Staudamms keine angemessene Hilfe erhalten.

McDougall ahnt übrigens an einigen Stellen, daß das Nichtfühlen durchaus nicht nur mit der *Abspaltung* der Affekte zu tun hat, sondern auch mit früher Loyalität und Gehorsam. (Den gleichen Sachverhalt spricht Alice Miller schon im Titel ihres Buches an: »Du sollst nicht merken«.) Sie schreibt nämlich: »Diese junge Patientin machte den Eindruck eines Menschen, dem es verboten ist, das geringste Anzeichen emotionalen Schmerzes zu zeigen und der sich statt dessen anstrengen muß, die Auswirkungen einer traumatisierenden Situation, über die er keinerlei Kontrolle besitzt, herunterzuspielen.« (416)

Wenn also nicht nur frühe Abwehr, meinetwegen Ur-Verdrängung oder Abspaltung, zum Nicht-Fühlen geführt haben, sondern auch der Imperativ »Du sollst nicht merken«, oder eine Mischung aus beiden, aus unerträglichem Schmerz und früher Loyalität (die sehr gut kumulieren können), dann ist es um so wichtiger, diese Loyalität anzusprechen, die *Wiederholung* aufzuzeigen im gedämpften, gefilterten analytischen Milieu, das ja für so viele Patienten a priori die Botschaft enthält, leise zu sein, sich gut zu benehmen, brav zu verbalisieren.* Da das Nicht-Fühlen aber auf einer so frühen Ebene eingesetzt hat, hilft oft weder Deutung noch sprachliches »Locken« der Affekte – als Gegengewicht zu Gehorsam und Loyalität –, weil die Verbots-Engramme ebenfalls präverbal sind und die holden Deutungsworte diese Engramm-Tiefe gar nicht erreichen.

Der Patient bekommt höchstens auf eine diffuse Weise das Gefühl, der Analytiker sei unwahrhaftig oder gar ein Lügner, oder er wisse nicht, was er sagt (der spricht von Affekten, aber der Patient denkt an seinen fehlenden Berstschutz und die Panik des Analytikers). Ohne es klar zu spüren, ist der Analytiker, obwohl er weiterhin süchtig aufgesucht wird, im Unbewußten des Patienten zu einem inkompetenten Sprüchemacher geworden, selbst wenn er auf anderen psychischen Ebenen weiterhin idealisiert wird. Unerkannte extreme Idealisierung und ebenso unerkannte extreme Entwertung halten sich

* Sehr zu recht hat Cremerius auf den von vielen Patienten längst vor Behandlungsbeginn internalisierten Verhaltens-Kodex hingewiesen, der dann von vielen Analytikern durch die einleitende Vermittlung der »Grundregel« zementiert wird: nämlich ruhiges, handlungsfreies Verbalisieren: »Der Patient darf nicht in das Mißverständnis geraten, er müsse sich beherrscht, vernünftig und angepaßt verhalten. Der Analytiker muß aufpassen, daß er das behandlungstechnisch Notwendige nicht dazu benutzt, den analytischen Prozeß von der Wiederkehr des Verdrängten, von der Wiederbelebung infantiler Triebhaftigkeit, von der Auflehnung gegen die Tabus der Gesellschaft freizuhalten ...« (1984, S. 789)

wohl die Waage. Dazwischen liegt der Bereich des affekt-armen sprachlichen Austausches, den man Psychoanalyse nennt und über dessen Leere oder nur untergründig affektiv aufgeladene Stimmung die Autorin so beredt klagt.

Wiederum wird die Wiederholung des Traumas der Patienten im analytischen Raum sehr bewußtseinsnah: »Im Verlauf meiner psychoanalytischen Arbeit mit derartigen Patienten ist mir deutlich geworden, daß diese ihr Verhältnis zur Welt in der Weise regeln, daß sie einen ›sterilen‹ Raum schaffen, der scheinbar ohne jeden Affekt und ohne jede libidinöse Besetzung ist, um die Identität ihres Ich aufrechtzuerhalten. (Der sterile Raum der Analyse und die Identität des ängstlichen Hinter-Couchlers, T. M.) Die Patienten schützen sich nicht nur gegen die Angst vor möglichen Frustrationen, sondern auch gegen die unbewußte Phantasie, die überwältigenden Emotionen nicht beherrschen und verarbeiten zu können, die sich im Kontakt mit anderen ständig zu entwickeln drohen.« (423) Hier haben wir wieder das schmerzhafte Paradox der antiseptischen Analyse mit Patienten, die die Explosion ihrer archaischen Affekte und die Zerstörung ihres Ichs wie der analytischen Situation fürchten: die »überwältigenden Emotionen« drohen sich in der Nähe eines Objektes dauernd zu »entwickeln«, aber das Setting sieht die Affekte nicht in ihrem konvulsivischen Zustand vor, in dem allein sie im Patienten präsent sind.

Mühelos gelingt es aber so der Autorin, die Länge der nach Jahrfünften oder Jahrzehnten rechnenden Analysen zu rechtfertigen: »Patienten, deren Abwehrformation eine regelrechte Panzerung bildet, benötigen oft viele Jahre, bevor die abgewiesenen Repräsentationen und die unterdrückten Affekte, die diesen ›sterilen‹

Raum umgeben, sichtbar und verbalem Denken bzw. psychischer Verarbeitung zugänglich werden.« (424) Dies ist die einzige Stelle, bei der sich die Autorin einer offenen Unredlichkeit schuldig macht: hat sie nämlich die Schwierigkeit der Analyse bisher immer mit der »Kluft«, der frühen Abtrennung von Körper und Seele, erklärt, so verwendet sie hier das von Reich stammende Wort Panzerung und befindet sich prompt wieder bei der Abwehrtheorie. Aus der »Kluft« ist ein Panzer geworden, gegen den man, in heroischer Abwehranalyse, getrost seinen Deutungskrieg führen kann, der natürlich Jahre verschlingt, bis die Panzerung sturmreif geschossen ist. Daß Reich von eben diesem Begriff der »Panzerung« zur Arbeit am Körper kam und sein Schüler Alexander Lowen zur bioenergetischen Analyse, erwähnt sie natürlich nicht. Verwechselt man aber wirklich die »Kluft« mit der »Panzerung«, dann ist man wieder im Bereich der Charakteranalyse, und damit in Gefahr, den psychosomatischen Patienten auf der Couch nicht nur optisch, sondern auch psychisch aus den Augen zu verlieren, wozu das Setting ja ohnehin verführt.

Schließlich möchte ich als letzten Punkt in diesem Kapitel noch erwähnen, daß manche dieser Patienten so ichschwach und so wenig konturiert sind, daß sie mangels gelungener Abgrenzung sich in Gefahr fühlen können, sich mit anderen zu verwechseln. »Die Schwäche des Patienten in Situationen, in denen eine Verwechslung oder Vereinigung mit anderen möglich schien, ließ ihn bei jeder Gelegenheit der Gefahr aus dem Weg gehen, dem körperlichen oder seelischen Schmerz anderer ausgesetzt zu sein. Es war, als würde er den Schmerz des Anderen unmittelbar als seinen eigenen erleben.« (425/6) McDougall meint, er habe diese Haltung entwickelt, um sich vor schwereren psychosomatischen Störungen zu schützen. Das mag der Fall sein. Mir scheint sie aber auch eine frühe Mutter-Kind-Interaktion der schrecklicheren Form zu spiegeln: ich würde meinen, das Kind mußte Schmerz und Kummer der Mutter quasi durch die Haut aufnehmen, es war, umgekehrt wie es sein sollte, der Container der Mutter, und »aß« ihr Elend, statt gesunde Milch zu trinken. »Seine Angst, der Andere zu werden, enthüllte ihr unbewußtes Gegenstück, seine Angst vor dem Wunsch, den Anderen zu absorbieren und von ihm absorbiert zu werden, also in einer symbiotischen Einheit zu verschmelzen.« (426) Ich behaupte nun, daß auch für diese Sonderform des »psychosomatischen Patienten« das klassische Setting das am wenigsten geeignete ist: da er den Therapeuten nicht als ein konturiertes Gegenüber sieht, seine getrennte Lebendigkeit nicht erlebt, auf die er sich als noch rudimentäres eigenes Subjekt beziehen kann, bleibt nur die Identifikation, und die erhöht natürlich die Angst vor dem Verschwimmen im Anderen gewaltig, verstärkt durch die Idealisierung und die Konturlosigkeit des »großen Unsichtbaren«. Die Objektsuche wird unendlich erschwert, und damit auch die Subjektsuche, wobei wir uns immer wieder vor Augen halten müssen, daß das klassische Setting der Analyse von Patienten dienen sollte, die konturierte, wenn auch verbogene innere Objekte besaßen.

Das Wort vom »großen Unsichtbaren« führt schließlich noch zu einem wichtigen Punkt, der dem aufmerksamen Leser nur durch sein »Fehlen« auffällt: an keiner einzigen Stelle werden religiös getönte Übertragungen erwähnt. Bei einem großen Teil der von McDougall behandelten Patienten kann man annehmen, daß sie in ihrer Kindheit eine religiöse Sozialisation durchlaufen haben oder mit ihr zumindest in enge Berührung gekommen sind. Nach meiner Erfahrung bringen die »psychosomatischen Strukturen« geradezu eine Disposition mit, sich in einer bestimmten Phase der Kindheit der Idee von »Gott« oder eines riesigen Objektes aufzuschließen. Das hängt nicht nur mit den enormen Leerräumen ihrer Psyche zusammen, die durch die »Ausschaltung« oder »Verwerfung« der frühen Objekte entsteht, samt der dazugehörigen Verwerfung von Affekten und Proto-Affekten, sondern auch mit den Grundgefühlen von Leere, Hoffnungslosigkeit, Verzweiflung und Resignation, Gefühlen, die oft noch begleitet werden von Angst vor Vernichtung, Verfolgung, Zerstörung und Verworfen-Sein. Hinter denen steckt aber noch ein Rest irrationaler Hoffnung, sonst kämen sie nicht, vorwiegend in ihrem vierten Lebensjahrzehnt, in die Analyse und hielten deren Strapazen mit einer fast »süchtigen« Hoffnung, Gläubigkeit und Idealisierung durch.

In einigen Fallvignetten von McDougall meint man eine Gottesübertragung fast mit Händen greifen zu können, es sind aber zum Teil die Passagen, bei denen die Autorin am Ende einer verzweifelten Verstrickung selbst gesteht, daß sie über Wochen und Monate ihre Identifikation mit einer als monströs erlebten Mutter durch den Patienten nicht wahrgenommen habe.

Es würde den klassischen Analytiker, zu dessen »normalem« Training es nicht gehört, Gottesübertragungen aufzugreifen, wohl auch kränken, wenn er sich klarmachen müßte, daß die oft masochistische Treue gegenüber einer qualvollen und wenig Veränderungen bringenden Analyse dieses Stils im tiefsten Grunde auf einer Art religiöser Abhängigkeit beruhte, hinter der natürlich die unaufgelöste Symbiose und das Eingesponnen-Sein in eine Kokon-Übertragung zum Vorschein kommt, die das Grundmuster der Mutter-Kind-Beziehung wiederholt.

Bei manchen dieser Patienten stößt man auf Märtyrerphantasien, Vorstellungen von Berufung, von leerer Größe, die auf Erwählung wartet, von Erlösungsbildern und Verdammnis-Urteilen, die den inneren Schrecken in einer späteren Phase der Kindheit wenigstens vorübergehend einen Sinn verleihen. Vermutlich handelt es sich ebenso um sekundäre Überarbeitungen, wie McDougall sie in ihren stark (und verfrüht) ödipalisierten und sexualisierten Deutungen findet oder anheizt; nur sind die religiösen Sekundärphantasien oft fruchtbarer in ihrer analytischen Ergiebigkeit, weil sie näher an den Grundaffekten der »von allen guten Geistern verlassenen« Patienten liegen.

Daß religiöse Phantasien *nirgends* eine Rolle spielen in einem Buch über frühe Störungen an einer Klientel aus den Geburtsjahrgängen von etwa 1920 bis 1950, spricht für eine ausbildungs- oder sozialisationsbedingte Nicht-Wahrnehmung dieses Bereichs, die einem genaueren Verstehen sicher nicht förderlich ist. Die Körperfeindlichkeit der Psychoanalyse korrespondiert hier vermutlich mit der Körperfeindlichkeit des französischen Katholizismus, die auch weiterwirkt, wenn sich eine gewisse Lockerung der Glaubensbindung breitgemacht hat. Immerhin schickt ein beträchtlicher Teil auch der intellektuellen Elite ihre Kinder auf Privatschulen religiöser Orientierung. In dem erschütternden Analysebericht *Schattenmund* der französischen Schriftstellerin Marie Cardinal, einer ebenfalls »psychosomatischen« Patientin, sind die unterirdischen Wirkungen dieses Zusammenspiels von katholischem Milieu und der Entfaltung bestimmter Störungen ausgezeichnet dargestellt.

Die Idealisierung der Scheuklappen oder: Versuch einer kritischen Nestbeschmutzung in reformatorischer Absicht

»Wenn ein Analytiker ein ›psychoanalytisches‹ Buch veröffentlicht, so enthüllt er damit einen Teil seiner selbst.« Wenn dieser Analytiker von der Internationale der Psychoanalyse herausgehoben wird, wenn sein Buch in den wichtigsten Sprachen der psychoanalytischen Gemeinde erscheint und um diesen Analytiker herum große Kongresse des öffentlichen Schau-Deutens veranstaltet werden, dann enthüllt dies auch etwas über die Psychoanalyse als Institution. Ein Hauch von Gegenreformation weht durch McDougalls Buch wie durch die exegetischen Proklamationen der großen internationalen Kongresse und der führenden psychoanalytischen Zeitschriften, obwohl es vorher gar keine Reformation gegeben hat, höchstens die diffuse Angst vor ihr.

Ich habe mit dieser Streitschrift auf einen Text reagiert, nicht auf eine Person. Ironie und Sarkasmus sollten nicht als persönliche Invektiven verstanden werden, sondern als Angriffe auf einen symptomatischen Text, der aber *einen* Haupttrend der institutionalisierten Psychoanalyse kennzeichnet: Kodifizierung, leidvolle Sterilität für beide Partner des Dialogs, Ausblendung von therapeutischen *Nachbardisziplinen* (als gäbe es sie gar nicht, oder als seien sie vollkommen uninteressant), Körperfeindlichkeit und negative Diagnostik. Ich brauche hier nicht auf die vielen positiven Ansätze zu verweisen, die das Atmen im Bereich der institutionalisierten Psychoanalyse wieder etwas freier machen könnten. Ich erwähne aus dem deutschen Sprachraum nur Cremerius' Versuch der Rehabilitierung von Ferenczi (1983) und Thomäs Revision des Begriffes »Agierens«, im internationalen Bereich hauptsächlich die Erforschung der »projektiven Identifizierung« und ihrer Folgen für die Behandlungstechnik.*

Ich habe McDougalls Buch ausgewählt für diese Streitschrift, weil es die Verbindung von Brillanz, Denkhemmung, negativer Diagnostik, Ratlosigkeit und dogmatischer Selbstsicherheit angesichts »psychosomatischer Strukturen« so verdichtet zeigt, daß der Leser, öffnet er sich diesem Text nur ganz, gelegentlich selbst mit psychosomatischen Beschwerden oder Verzweiflungsreaktionen konfrontiert ist. Das geht übrigens nicht nur mir so. Daß mein Text etwas von der kaum je in der Übertragung aufgetauchten Wut ihrer Patienten enthält, habe ich bereits angedeutet.

Von der heftigen Idealisierung der Psychoanalyse als einer »Heilungs-« wie »Heils-«Wissenschaft war ich ebenso durchdrungen wie einige ihrer Patienten. Dies kann aber nicht allein an meiner Art der Störung in Kombination mit einer religiösen Sozialisation liegen, die zu einer leere Hoffnungen perpetuierenden Idealisierung ihrer Möglichkeiten führen. Vielmehr ist die Psychoanalyse als Institution durchtränkt und wird zusammengehalten vom Leim der Idealisierung, vor allem der Selbst-Idealisierung, die sich längst ausgedehnt hat auf die Mit-Idealisierung der Grenzen, der Skotome wie der Scheuklappen, die sie der Wahrnehmung so vieler außerhalb ihrer entdeckter Fortschritte der Behandlungstechnik und -theorie entheben.

* Das ausgezeichnete Buch von Pierre Sabourin, *Ferenczi, paladin et grand vizir secret,* Paris 1985, habe ich erst nach Fertigstellung dieses Manuskripts wahrgenommen. Überhaupt scheint in Frankreich eine Ferenczi-Rezeption in Gang zu kommen.

Das Komplement der Idealisierung ist die Diffamierung und die diffamierende Ausgrenzung, die die Mitglieder ihrerseits mit dem merkwürdigen Überlegenheitsgefühl versieht gegenüber allem, was »*nicht* Psychoanalyse ist«. Selbst-Idealisierung und ausgrenzende Diffamierung verleihen Sicherheit und Selbstvertrauen auch noch dort, wo die Selbstzweifel angesichts einer allzu frustrierenden Ergebnisarmut in vielen Fällen und der das Lebensgefühl dämpfenden affektiven Kargheit und Sterilität vieler Behandlungen immer drängender werden. Sie führen aber auch dazu, daß hinter dem Schleier von Heimlichkeit, verdeckter Rivalität, Angst vor imaginären Standards, Unoffenheit und Schuldgefühlen über (notwendige) heimliche Abweichungen vom rechten Weg die Selbstbezichtigung zunimmt: wenn das analytische Bemühen mit manchen Patientengruppen so leer, verzweifelt, ergebnisarm und energieverzehrend ist, dann folgt eben die bewährte negative Diagnostik, entweder gegen den Patienten gerichtet oder *gegen das eigene Selbst,* das an den überall hochgehaltenen Standards und Behandlungsregeln ja kaum zweifeln darf. Die Angst, bei etwas »Unanalytischem« ertappt zu werden, ist groß. Die Angst, beim nächsten Schritt der Progression auf der nahezu unendlichen (bezogen auf die Lebensspanne eines Menschen) Stufenleiter der kleinen Fortschritte in der psychoanalytischen Hierarchie als nicht zuverlässig befunden zu werden, ist noch größer. Gewichtige Kommissionen sind mit der Kodifizierung dieser Stufenleitern befaßt, der Trend ist eine Erschwerung der Schritte bei zunehmender Überwachung der Konformität. Ein kompliziertes äußeres (institutionalisiertes) und inneres (verinnerlichtes) System der Loyalitätserzeugung und -erhaltung sichert das unter theoretischem wie behandlungstechnischem *Denkmalsschutz* stehende Gebäude der Institution vor Öffnung und Veränderung.

Die Situation der deutschen Psychoanalyse wird dadurch noch erschwert (und in Richtung Konformismus verhärtet), daß aufgrund der Schuldgefühle wegen des Nationalsozialismus und der großen nationalen Forschungs- und Ausbildungslücken eine Art Minderwertigkeitskomplex entstanden ist, den die deutschen Analytiker mit dem fast verzweifelten Nachweis von Seriosität und Konformität gegenüber den internationalen Gremien zu heilen versuchen. Das führt dazu, und die jungen Analytiker in der Ausbildung spüren das natürlich, daß auch ihre Lehrer unter einem gewissen Angstdruck lehren und analysieren.

Es gilt schon als großer Erfolg, wenn eine internationale Zeitschrift eine Arbeit eines deutschen Analytikers druckt oder wenn er auf einem Kongreß einen Vortrag halten darf. Nachholen und Sich-Angleichen sind stärkere Motive als selbständige Forschung und neugieriges Sichten der psychoanalytischen Konzepte.

Die gegenüber den Krankenkassen erreichte Monopolstellung hinsichtlich der Diagnostik und der Abrechnungsberechtigung schwächt ebenfalls die Motive, das eigene Denken und Handeln kritisch zu hinterfragen: es ist gelungen, die therapeutische Konkurrenz draußen zu halten und auf der Macht-Ebene kaum wahrnehmen zu müssen, vom Druck der Ärztekammern einmal abgesehen.

Es mag ein Relikt meiner vorgängigen Idealisierung und Verinnerlichung der Selbst-Idealisierung der Psychoanalyse sein, die mich besonders heftig auf die Mit-Idealisierung der Scheuklappen reagieren läßt. Wenn ich mich frage, was die idealisierten Grundkonzepte waren, dann stoße ich auf Wahrheitsliebe, genaues Hinsehen, was im Patienten geschieht, das Aufdecken des Verdrängten, das Zulassen des vorher »Undenkbaren« oder »Unfühlbaren« und eine Widerstandsbereitschaft gegen Unterdrückung und Unwahrheit, auch wohl eine gewisse Distanz gegenüber Ideologien und dem Machtbesitz, auch dem »Besitz« von Wahrheit.

Die Bereitschaft zur Wahrhaftigkeit wird aber oft schon dem Kandidaten, spätestens vor dem Kolloquium, ausgetrieben, wenn die Übereinstimmung mit der gerade gültigen Theorie und Behandlungstechnik nur durch eine mühsame Stilisierung des Patienten und der mit ihm geleisteten Arbeit hergestellt wird. Es wird so getan, als habe der Kandidat ausschließlich *eine* Methode und *einen* Denkstil zu lernen, und nicht, diese beiden mit der Gleichung seiner Persönlichkeit und seines Wahrnehmungs-, Einfühlungs- und Interaktionsstils in einen sinnvollen Zusammenhang zu bringen. Der freundliche Schub eines patienten-zentrierten Ich-Ideals wird zum ängstigenden Überich-Druck, und auch für sehr viele längst examinierte Kollegen bewahren die psychoanalytischen Institutionen die Form eines konformitätsfordernden Introjekts, das als höchste Gratifikation aber nur das Gefühl zu vergeben hat: ich bewege mich, wenn ich von meinen kleinen (privaten) Schwächen und Abweichungen absehe, innerhalb der allgemein anerkannten und idealisierten Regeln und kann also nicht verdächtigt werden, vom Pfad der ja oft nur als gemeinsame Fiktion aufrechterhaltenen Tugend abzuweichen.

Die Scheuklappenmentalität durchzieht die ganze Institution. Der bedrohlichen Einsicht, daß ein großer Teil der behandlungstechnischen Fortschritte sich heute außerhalb der institutionalisierten Psychoanalyse vollzieht, wird eine immer grotesker werdende Selbst-Idealisierung entgegengesetzt, die schon das neugierige Hinsehen auf außeranalytische therapeutische Ansätze (die sich zu einem analytischen Durchdenken und zu vorsichtiger Integration und Reintegration anbieten) zur gefährlichen Abweichung und zu ängstigender Untreue macht.

Der Grad des latenten Bedrohtheits-Gefühls wird am ehesten durch wachsenden Konformitätsdruck an den Ausbildungsinstituten deutlich, durch endlose exegetische Wiederholungen und durch das Auftreten von beruhigenden Apologeten, die der frommen Gemeinde in klugen Worten vorgaukeln, daß sich außerhalb der bisherigen Wahrnehmungshorizonte nichts Nennenswertes ereignet. Die klassische Psychoanalyse habe das, was in anderen Therapieformen erprobt und erforscht wird, schon von jeher besser und gründlicher geleistet. Neugier sei also nicht einmal lohnend. Therapieformen, die tiefenpsychologische Erkenntnisse mit einer Zuwendung zum exkommunizierten Körper zu verbinden trachten, können also leicht und ohne nähere Information oder gar vorsichtige Selbsterfahrung als »Modetorheiten« diffamierend ausgegrenzt werden. Diese Sachlage dürfte sich allerdings durch zwei absehbare Entwicklungen in nicht allzu ferner Zukunft ändern:

1. Es ist kaum zu erwarten, daß die Krankenkassen, schon aus Kostengründen, der Psychoanalyse noch sehr lange das Monopol der psychotherapeutischen Behandlung überlassen werden, vor allem bei seelischen Störungen, bei denen der Zugang über den Körper ein wirksameres Herangehen an die Störung erwarten läßt.

2. Der Druck von seiten vieler Patienten wird zunehmen. Schon jetzt sind sehr viele Patienten ausdrücklich auf der Suche nach Therapeuten, die den Körper in irgendeiner Weise einbeziehen oder aber zu einer Koope-

ration mit Körpertherapie bereit sind. Es sind nicht nur Patienten, die mit einer oder mehreren rein analytischen Therapien Schiffbruch erlitten haben, sondern auch solche, die sich durch Lektüre oder begrenzte Selbsterfahrung ein Bild von den erweiterten Möglichkeiten gemacht haben.

Als besonders markantes Beispiel für den diffamierenden apologetischen Trend zur Beruhigung und weiteren Selbst-Idealisierung der reinen Psychoanalyse möchte ich nur Günther Bittners Aufsatz *Vernachlässigt die Psychoanalyse den Körper? (Psyche* 1986, S. 709–734) anführen. Natürlich kommt Bittner zum gegenteiligen Ergebnis: »Angesichts modischer Tendenzen, den Körper ins Zentrum therapeutischer Bemühungen zu rükken« (709), gelangt er zu dem erstaunlichen Befund, daß die Psychoanalyse quasi die eigentliche Körpertherapie ist, während man sich fragen könne, »ob nicht die sogenannten Körpertherapien in Wirklichkeit den Körper vernachlässigen« (712). Natürlich kennt Körpertherapie, wie Bittner an einem grotesk vereinfachten Fallbeispiel nachweist, nur »Manipulation« und »Überrumpelung«, vernachlässigt unbewußte Phantasien, glaubt an dümmliche Zaubertricks und verfällt tölpelhafter Eindimensionalität. Ich kann hier nicht auf die einzelnen Argumentationsketten eingehen, auch nicht auf die gekonnt gewählte Buhmann-Technik, bei der ein holzschnittartiger Papp-Kamerad (der nacken-massierende »Körpertherapeut«) mit gläubiger Idealisierung der Psychoanalyse als einer Therapie des »symbolischen Körpers« demontiert wird, sondern verweise nur auf die Sprache der Überheblichkeit, der fast religiösen Selbstgewißheit, des Verlusts an Neugier, weil die eigene Überlegenheit ohnehin schon feststeht. Daß man Freud zum Kronzeugen für alles und gegen alles mobilisieren kann, erweist sich auch hier wieder. Dabei stößt Bittner nicht einmal bis zu dem Gedanken vor, daß der Psychoanalytiker an bestimmte Phänomene und Störungen gar nicht herankommt, weil sie sich im prä- oder außersymbolischen Raum befinden, während Bittner wie selbstverständlich sich an die »unbewußten Phantasien« hält, an Altvertrautes wie das »Körper-Schema«, die narzißtische Besetzung usw., so, als sei die fundamentale Abspaltung des Körpers, die »Kluft«, noch gar nicht wahrgenommen. Grundmuster: das haben wir von jeher immer schon viel besser gemacht als die törichten Neuerer! Grundbotschaft an die Kollegen: Neugier ist nicht lohnend, wir sind sowieso besser! Wir brauchen auch von denen nichts zu lernen, das wäre eher gefährlich und niveausenkend.

Meine Hauptkritik an McDougall läßt sich aber gar nicht auf einen Gegensatz von rein verbaler einerseits und körperorientierter Analyse andererseits reduzieren, und dies ist auch nicht das Ziel. Denn es gibt auch innerhalb der verbal gehandhabten Psychoanalyse Positionen, die der von McDougall gehandhabten Technik fundamentale Ergänzungen hinzufügen. Sie beziehen sich vor allem von seiten der Therapeuten auf die Übernahme stellvertretender Funktionen für den strukturell geschädigten Patienten, die aber eine genaue Diagnose seiner aktuellen Struktur voraussetzt. Am klarsten hat sich hier wohl Fürstenau geäußert, der der »zweiten Dimension« eines Analysierens aus der gleichschwebenden Aufmerksamkeit heraus die »erste Dimension« eines »vollziehenden, tätigen Aspekts« gegenüberstellt.*

* Peter Fürstenau, *Die beiden Dimensionen des psychoanalytischen Umgangs mit strukturell ichgestörten Patienten*, In: ders., *Zur Theorie psychoanalytischer Praxis*, Stuttgart 1979, S. 44-54.

Die tiefgefrorene, rigide Deutungsposition, die McDougall proklamiert und jenseits derer sie sich sofort als Anti-Analytikerin fühlen würde, wird hier ergänzt durch eine Haltung, die es dem Patienten nicht diagnostisch oder gar gekränkt vorwirft, was er nicht zu leisten imstande ist, sondern die sich fragt, was ihm zur Verfügung gestellt werden muß, damit die Strukturmängel behoben werden können. Obwohl ich einige Unterschiede zu sehen meine zwischen der »psychosomatischen Struktur« der Patienten von McDougall und dem breiteren Spektrum dessen, was Fürstenau die »strukturell ichgestörten Patienten« nennt (bei gleichzeitigen vielen gemeinsamen Kriterien), möchte ich doch hervorheben, daß der Deutungspurismus in der McDougallschen Version seit Jahrzehnten in Frage gestellt wird. »Schon Freud, nach ihm Eissler und eine Reihe weiterer Kollegen, haben als ein wichtiges klinisches Kriterium, aus dem sich ein *Hinweis* auf das Vorliegen einer strukturellen Ichstörung gewinnen läßt, den Gesichtspunkt hervorgehoben, daß ein Patient in einer bestimmten Situation oder für längere Zeit (habituell) auf konfrontierende oder interpretierende Interventionen nicht in einer der uns bekannten therapeutisch *günstigen* Weisen anspricht.« (Fürstenau, 47)

Die unmittelbar folgende Passage bei Fürstenau macht auch deutlich, warum McDougalls Patienten, trotz ihres jahrelangen Wartens und Deutens, sozusagen gar nicht reagieren *dürfen:* sie würden angesichts der Konflikt- oder Defektinhalte, in denen sie mit ihren Deutungen herumwühlt, dekompensieren, ohne in ihrem Setting den notwendigen Halt zu finden: »Ein damit zusammenhängendes weiteres wichtiges Kriterium ist, daß der Patient auf einen spannungserhöhenden konfliktaufdeckenden konfrontierend-interpretierenden Umgang seitens des Analytikers mit einer *Ichdekompensation*, einem regressiven Zusammenbruch, einer psychosomatischen Krise, einer akuten Wahnproduktion, einem dissozialen oder perversen Agieren, einem intensiven narzißtischen Rückzug, einer schweren manischen, depressiven oder aggressiven Verstimmung oder welche Notreaktion für ihn sonst charakteristisch sein mag, antwortet. Diese Reaktion kann symptomatisch-akut, aber auch eher unauffällig, still und beharrlich sein: Immer wieder vermittelt uns dann der Patient bei dem Versuch, mit ihm in uns vertrauter Form ›psychoanalytisch‹ umzugehen, den Eindruck eines bestimmten (oder auch situativ wechselnden) ›Defektes‹.«(47)

Nur in sehr vereinfachenden Worten kann ich hier die Gemeinsamkeiten und Unterschiede zwischen Fürstenaus »vollziehendem tätigen Ansatz« (der sprachlich bleibt) und dem Ansatz der psychoanalytisch orientierten Körpertherapie andeuten: der erstere betreibt Geduldigen Ich-Aufbau durch stellvertretende Übernahme von Ichfunktionen, der zweite Ähnliches, aber auf anderem Wege: durch den körperlichen Halt und die komplementären frühen Interaktionsangebote, die den präverbal körpersprachlichen Zeichen des Patienten entgegenkommen, bietet sie die Möglichkeiten stärkeren Agierens und stärkerer »Dekompensation« *innerhalb* des therapeutischen Settings, und die zur Dekompensation drängenden Kräfte erfahren durch das handelnde Antworten und Auffangen eine Integration in den ursprünglich entgleisten präverbalen Interaktionsdialog. Diese Methode werde ich in einer anderen Arbeit über »Psychoanalyse und Körper« weiter entfalten. Daß es aber basale Ähnlichkeiten des Ansatzes mit der von Fürstenau geschilderten Haltung gibt, zeigt folgender Abschnitt: »Objekttheoretisch, man kann auch sagen, libidotheoretisch, heißt das, daß der Analytiker im Umgang mit dem ›defekthaft‹ gestörten Patienten ... die libidinöse Funktion der Zuwendung zum Patienten und der Aufrechterhaltung des Kontakts mit ihm *von sich aus* ausüben muß, bis der Patient aufgrund dieser neuen modellhaften Erfahrung einer gesunden Beziehung zu einem Partner in der analytischen Situation in den Stand gesetzt ist, Kontakt und Zuwendung zu Partnern *selbst* zu realisieren.« Fürstenau wählt sogar einen ungewöhnlich starken Ausdruck, der natürlich gegen das Phänomen des »Übergriffs« sorgfältig abgegrenzt werden muß: der Analytiker soll »den Kontakt zu ihm herstellen und aufrechterhalten, d.h. in den sich isolierend abschirmenden Patienten kontaktmäßig libidinös *eindringen* ...« (50). »Dieser *vollziehende, tätige* Aspekt ... steht in einem deutlichen Gegensatz zu der *gleichbleibend distanzierten* freischwebenden Aufmerksamkeit, die nach der klassischen Beschreibung Freuds ... (der Aufdeckung der unbewußten Hintergründe von Übertragung und Widerstand) charakteristisch ist.« (50) Die Inhumanität der rein deutenden, im Grunde phobischen Haltung des Analytikers, die unmittelbar zur enttäuschten, negativen Diagnostik führt, wird von Fürstenau milder, theoretischer, aber nicht weniger unmißverständlich dargestellt: »Die Ausübung von Übertagungs- und Widerstandsanalyse unter solchen defizienten, beschränkten Wahrnehmungs- und Verständnisbedingungen stellt sich damit als ein *Gegenübertragungsagieren* des Analytikers dar, das auf die schizoide Kontakt- und Kommunikationsstörung des Patienten unbewußt *eingeht* ... Der Analytiker, der an einem schizoid sich versteigenden oder entschwebenden, narzißtisch sich zurückziehenden, verstimmten, dissozial, süchtig oder pervers agierenden Patienten *vorbeiinterpretiert*, reagiert auf die verständnisunterbrechende Aktion oder Haltung des Patienten selbst verständnislos, beziehungslos-schizoid, ›professionell‹ im schlechten Sinne.« (50/51)

Diese traumatisierende Fehlhaltung des Therapeuten läßt sich sowohl auf einer rein sprachlichen Ebene korrigieren als auf der Ebene einer körperlichen Zuwendung auf dem Niveau der »Grundstörung«, durch die, im weitesten Sinne, die Dissoziation von Körper, Affekt und Sprache zustandegekommen ist. Die körperliche Zuwendung zum abgespaltenen, präsymbolisch gebliebenen Körper bedeutet weder einen Verzicht auf Abstinenz (weil der Therapeut nicht eigene Befriedigung oder gar Lust sucht, noch dem Patienten Triebbefriedigung oder gar sexuelle Lust verschafft) noch bedeutet sie einen Ausstieg oder eine Vernachlässigung der Übertragungsbeziehung. Im Gegenteil: der Therapeut muß sich viel häufiger Rechenschaft ablegen, wie einzelne Gesten oder halt-gewährende Berührungen im Kontext der Übertragung zu verstehen sind, und er muß häufiger Deklarationen darüber abgeben, wie die Berührung gemeint ist und aus welcher affektiven Position heraus sie erfolgt.

Das geht nicht ohne Selbsterfahrung und Schulung, ohne den Rückhalt einer Kollegengruppe, die einen ähnlichen Weg der Erweiterung des eigenen Handlungsspielraums geht, mindestens den gelegentlichen, offenen Austausch über die Veränderung, Bereicherung, vor allem genauere Wahrnehmung der eigenen Körpergefühle. Der mit Berührung arbeitende Therapeut muß sich seiner tiefen Identifikation mit einer mütterlichen oder väterlichen Position dem regredierten Patienten gegenüber absolut gewiß sein, weil er sonst in Gefahr ist, den Patienten zu mißbrauchen, und viele Patienten bieten sich, aus ihrer Lebensgeschichte heraus, zum Mißbrauch an. Sie können oft von sich aus nicht unterscheiden, wie mehrdeutig in ihrer Vergangenheit Berührungen gewesen sind. Sie sind um so dankbarer, wenn sie diese frühen mißbräuchlichen Berührungen mit Hilfe des Therapeuten, der eine klare Haltung einnimmt, wieder unterscheiden lernen von dem, was sie an wirklichem Halt von den frühen Objekten gebraucht hätten. Die Sicherheit der Identifikation erlaubt auch das Rückfragen beim Patienten, was er bräuchte, es erlaubt die freie Nutzung seiner Kompetenz im körpersprachlichen Fühlen.*

Der Ausstieg (und die Gewinnung einer relativen Sicherheit) aus der rein deutenden Position, wie sie, als Extremfall, McDougall vertritt, dauert einige Jahre und bringt eine gewisse Verunsicherung mit sich. Der Ausstieg aus dem Kosmos des reinen Sprechens und das Erlernen der Körpersprache und des Umgangs mit ihr dauerten ebenfalls einige Jahre. Vielen Patienten helfen aber bereits fein dosierte Formen der inneren Veränderung der analytischen oder körpersprachlichen Haltung. Den Gewinn z.B., der sich aus einem seitlichen Sitzen neben der Couch ziehen läßt, habe ich bereits angedeutet. Nichts kann, außer auf langen Umwegen, das spiegelnde, zusammenfassende, Gestalt-gebende Auge des Therapeuten (der frühen Eltern) ersetzen, vor allem nicht beim wirklich tief regredierten Patienten.

Erst nach Fertigstellung dieses Manuskripts bin ich auf das ausgezeichnete und facettenreiche Buch von Hans

* Am meisten gelernt habe ich hier von Albert Pesso (vgl. *Dramaturgie des Unbewußten,* Stuttgart 1986) und Niklaus Roth (vgl. sein Nachwort zum *Ersten Jahr,* Frankfurt 1986), von dem ein Buch in Vorbereitung ist, sowie von Kollegen aus der Humanistischen Psychologie, wie George Downing, Vivian Guze, Norman Libermann, Ruth Cohn, Ruth Ronall, Louis Lambelet sowie Gisela Worm und Ingrid Hering.

Becker über *Konzentrative Bewegungstherapie* gestoßen mit seinem faszinierenden »Integrationsversuch von Körperlichkeit und Handeln in den psychoanalytischen Prozeß« (Georg Thieme Verlag, 1981), theoretisch gut durchdacht und mit faszinierenden Fallbeispielen für die kombinierte Anwendung von tiefenpsychologischen und körperzentrierten Verfahren. Deshalb seien hier wenigstens seine zusammenfassenden Hypothesen zitiert über die Zielrichtung der Konzentrativen Bewegungstherapie innerhalb eines integrativen Settings:

»1. Inter- und intraindividuelle Konflikte konstellieren sich in der Konzentrativen Bewegungstherapie in recht kurzer Zeit in Form von Schlüsselerlebnissen.

2. Die Erlebnisqualität im konkreten Handeln und leib-seelischem Ausdruck fördert die Erinnerung an genetisches Material.

3. Die vorwiegend auftretenden Abwehrformen wie Projektion, Verleugnung, Konformität und Symptomfixierung sind im konkret Wahrnehmbaren (vom ichsyntonen zum ichdystonen) besonders gut zu bearbeiten.

4. Wo sich im verbalen Bereich vorwiegend die Abwehr und der Triebwunsch mehr ichsynton zeigt, kommt es im nonverbalen oft erstmals zum ichdystonen Erleben. Dabei stellt sich im Nonverbalen oft die Trieb- und Affektseite erstmals dar, wo sich im Verbalen noch die Abwehrseite darstellt.

5. Der nonverbale und insbesondere präverbale Bereich scheint mehr affektiv besetzt, dem Unterbewußten primärprozeßhaft näher, unterliegt weniger der Zensur.

6. Unterschiedliche soziale Schichtzugehörigkeit zwischen Mitpatienten oder zwischen Patienten und Therapeuten führen im präverbalen und averbalen Bereich gerade in der Anfangsphase einer Therapie zu deutlich

weniger Kommunikationsschwierigkeiten als im verbalen Bereich.

7. Das Wiedergewinnen und die Reintegration primärprozeßhaften Denkens und Fühlens ist unabdingbar für den Gesundungsprozeß.

8. Patienten mit einer ausgeprägten Körperschemastörung unterschiedlicher Genese finden über dieses modifizierte Psychotherapieangebot oft erstmals einen Zugang zu ihrer Störung.«

Angesichts des Druckes der ärztlichen Berufsverbände, Psychotherapie weitgehend in eigene Kompetenz, Regie und Abrechnungsmonopol zu bekommen, ist die Psychoanalyse nicht nur von ihrer innerinstitutionellen Rigidität bedroht, sondern auch in ihrem realen gesellschaftlichen Entfaltungsraum. Vielen Psychoanalytikern selbst erscheinen die außeranalytisch erarbeiteten Erweiterungen des technischen Repertoires zunächst noch wie eine *dritte* Bedrohung, wenn sie nicht, wie viele es tun, mit einer Verstärkung der Selbst-Idealisierung reagieren. Dabei warten viele dieser Neuerungen auf eine theoretische Durchdringung und technische »Ortung« innerhalb eines durchdachten und strukturierten Behandlungsverlaufs, oder sie warten auf ihre Verwendung in einer sinnvollen und durchdachten Kooperation und Arbeitsteilung unter Therapeuten verschiedener Orientierung. Weit häufiger als man denkt wäre nämlich das Idealsetting für einen Patienten durchaus eine analytisch fundierte Psychotherapie *in Kombination* mit einer Körpertherapie. Die Gefahren der Spaltung können am besten aufgefangen werden, wenn die beiden Therapeuten miteinander kommunizieren lernen, wobei diese Kommunikation nicht hinter dem Rücken und ohne Zustimmung des Patienten erfolgen sollte.

Mit oder ohne eine neugierige und kooperationsbereite

Reaktion der Psychoanalyse entwickelt sich, außerhalb der Landschaft kassenärztlicher Leistungen, eine therapeutische, körperzugewandte Subkultur, die ihrerseits, durch die doppelte Ausgrenzung (Kassenversorgung und psychoanalytische Arroganz) interne Defekte, unnötige Niveaumängel, methodische Einseitigkeiten mitschleppt, die sich in der erzwungenen Berührungslosigkeit und den Kommunikationstabus mit der Psychoanalyse perpetuieren. Was häufig fehlt, sind fruchtbarer Austausch und wechselseitige Neugier. Ein Buch wie das von McDougall ist aber sehr geeignet, Vorurteile gegenüber der Psychoanalyse zu nähren und zu perpetuieren.

Es erschien mir also sinnvoll, es als Analytiker einmal mit unverhülltem Kopfschütteln zu diskutieren und auch sarkastisch anzugehen. Der polemische Umgang mit kollegialen Texten oder gar Vorträgen ist in der analytischen Gemeinschaft nicht üblich, es überwiegen eher die zeremoniell-manieristischen Formen einer oft genug verlogenen Höflichkeit, bei der man aus versteckten Unter- und Obertönen das eigentlich Gemeinte herausfiltern muß. Um so mehr blüht die Kultur der verdeckten oder offenen Deutungen, und auch dieser Text mag oft eher auf Deutungen als auf aufmerksame Lektüre stoßen.